Reinhard Marx

glaube!

REINHARD
MARX

glaube!

Kösel

MIX
Papier aus verantwortungsvollen Quellen
FSC® C014496

Verlagsgruppe Random House FSC® N001967
Das für dieses Buch verwendete FSC®-zertifizierte Papier *EOS*
liefert Salzer Papier, St. Pölten, Austria.

Umschlag: Weiss Werkstatt München
Druck und Bindung: GGP Media GmbH, Pößneck
Printed in Germany
ISBN 978-3-466-37084-9

www.koesel.de

Inhalt

Eine Einladung

»Niemand hat Gott je gesehen«
(Joh 1,18)

Gott? So lautet die Frage. – Und die Antwort lautet: Gott!

Die Frage nach Gott ist eine der großen Menschheitsfragen. Seit es Menschen gibt, suchen sie nach etwas, das über sie selbst hinausgeht, suchen Antworten auf die Frage, woher sie kommen und wohin sie gehen. Die Gottesfrage ist der Anfang aller Religion.

Auf dieses eine Wort *Gott* lässt sich auch all das reduzieren, was die Bibel und dann die christliche Theologie seit über zwei Jahrtausenden bedenkt, formuliert, verwirft, neu formuliert, erneut anfragt und doch beibehält und weiterträgt. Die Theologen wollen dem Geheimnis dieses kleinen Wortes auf die Spur kommen, sich immer weiter annähern, mal behutsam und mal sehr forsch. Und doch ist es so wie in Michelangelos berühmtem Deckengemälde von der Erschaffung des Menschen in der Sixtinischen Kapelle: Bei aller Nähe bleibt doch ein unüberbrückbarer Moment der Trennung. Die Finger von Gott und Mensch sind sich so nah wie möglich, aber sie berühren sich nicht. Diesen vorerst letzten Akt des Dramas hat Michelangelo unübertroffen festgehalten.

Auf dieses eine Wort *Gott* lässt sich entsprechend auch all das konzentrieren, was ich in diesem Buch sagen will. Gott? Gott! Diese so einfach scheinende Antwort wird allerdings herausfordernd, wenn ich zum einen das Fragezeichen und zum anderen das Ausrufezeichen in all ihrer vielschichtigen Bedeutung mitdenken will. Ist dann die Antwort wirklich noch *Gott mit Ausrufezeichen?* Oder ist die Antwort nicht eher *Gott mit Fragezeichen?* Bleibt es bei der Frage?

Damit sind wir mitten im Zentrum dessen, was dieses kleine Buch im Titel behauptet und fordert: *glaube!* Mich bewegt die Spannung zwischen der Frage und der Antwort eigentlich schon mein ganzes Leben lang, zumindest solange ich mich zurückerinnern kann. Und genau diese unaufgelöste Spannung, die ich positiv als Sehnsucht formulieren würde, hat mich so herausgefordert, dass ich vor vielen Jahren schließlich Priester geworden bin.

Ich versuche Gott zu lieben, weil ich seit meiner Kindheit ein Du vor mir sehe, das mich unbedingt annimmt. Und ich versuche deshalb auch, die Menschen zu lieben. Das gehört für mich ganz eng zusammen und ist kein Widerspruch. Ich kann mir das Menschsein nicht vorstellen, ohne Gott zu denken. Und Gott kann ich mir nicht vorstellen, ohne dass es den Menschen gibt. Das ist – in aller Verkürzung – eigentlich das Glaubensbekenntnis, das Credo des Christentums. Ohne Gott fehlt etwas, und ohne den Menschen ist die Schöpfung für mich nicht vollständig.

Gott und Mensch sind sich gegenüber und aufeinander bezogen. Gott wollte im Menschen ein Du finden. Und der Mensch kann in Gott ein Du finden. Dieses Zueinander ist eigentlich alles andere als selbstverständlich. Und mir scheint, es gerät in den Debatten unserer Zeit über die christliche Religion zuweilen auch aus dem Blick. Vielleicht ist es uns doch zu ›selbst-verständlich‹ geworden, weckt unsere Aufmerksamkeit nicht mehr so stark. Denn es ist das Besondere, oder in der Sprache der Werbung gesagt: Es ist das Alleinstellungsmerkmal, das Markenzeichen vor allem des biblischen Gottes- und Menschenbildes. Gott hat den Menschen nicht geschaffen als seinen Untergebenen, sondern er hat ihn nach seinem Bild geschaffen, ihn in gewisser Weise so hoch erhoben, um ihn wirklich anschauen zu können. So wie es im Alten Testament in den Psalmen in einem Lob auf die Herrlichkeit des Schöpfers heißt: »Was ist der Mensch, dass du an ihn denkst, des Menschen Kind, dass du dich seiner annimmst? – Du hast ihn nur wenig geringer gemacht als Gott, hast ihn mit Herrlichkeit und Ehre gekrönt« (Ps 8,5 f.). Und weil Gott vom Menschen so groß denkt, ist er selbst Mensch geworden. Das glaube ich. Credo.

Ja, das glaube ich, obwohl es Situationen gibt, in denen das nicht ganz einfach ist und mich wirklich fordert. Wenn Menschen großes Leid erfahren, fällt es schwer, ihnen die Liebe Gottes nahezubringen. Wenn in der Welt wieder einmal eine unfassbare Naturkatastrophe geschieht, dann ist es nicht einfach, den Schöpfer zu loben. Wenn Menschen anderen Menschen Gewalt antun, dann ist es nicht so selbstverständlich, die Freiheit des Menschen hochzuhalten. Der christliche Glaube ist kein ›Rundum-sorglos-Paket‹ für den Menschen, mit dem sich solche Situationen einfach auf Gott abschieben lassen. Und einfache Antworten und Lösungen tragen nicht weit. Deshalb ist es durchaus anspruchsvoll, sich mit dem Christentum vertraut zu machen.

Auf diesen Weg der Überlegungen will ich Sie mit diesem Buch mitnehmen. Der Titel darf durchaus provozieren. Eine ›Pro-vokation‹ ist von der wörtlichen Bedeutung her ja ein Heraus-Rufen. Und das ist der Gottesglaube auch: Der Glaube an Gott ruft und fordert den Menschen heraus, die Grenzen des Ich zu überwinden, sich selbst zu übersteigen und so seine eigenen Möglichkeiten zu entdecken. Die Provokation des Glaubens heißt entdecken, dass jemand auf der Suche nach mir ist und ruft: Mensch, wo bist du? So ist es in der Bibel zu lesen, in der Schöpfungsgeschichte, nachdem die ersten Menschen die Frucht gegessen haben und damit die ursprüngliche, vertrauensvolle Verbindung zwischen Gott und Mensch verloren ging: Adam – das heißt ›Mensch‹ – wo bist du? (vgl. Gen 3,9).

Wenn es um Gott geht, geht es immer auch um den Menschen. Und wo Gott auf dem Spiel steht, steht demnach auch der Mensch auf dem Spiel. Ich jedenfalls bin überzeugt, dass wir Menschen Gott brauchen, um wirklich Menschen zu sein.

Für mich ist der Schritt zum Glauben ein Schritt in eine größere Freiheit, er birgt ein erweitertes Blickfeld und eine intensivere Lebensmöglichkeit in sich. Um diesen Schritt zu wagen – vielleicht zum ersten Mal oder auch um ihn immer wieder neu zu wagen –, dazu sind frische Impulse und Hinweise wichtig und hilfreich. Deshalb hat Benedikt XVI. ein ›Jahr des Glaubens‹ ausgerufen für 2012/2013. Und deshalb hat Papst Franziskus im Juni 2013 seine erste Enzyklika *Lumen fidei* zu den Grundfragen des Glaubens veröffentlicht.[1]

Der Glaube ist ja keine Fracht, die aus einer überholten Vergangenheit irgendwie mitgeschleppt wird und in gut verschlossenen Kisten verborgen ist, der Glaube ist vielmehr eine immer neue Gabe, eine existenzielle Erfahrung. Deshalb muss der Glaube in seiner Tradition und Aktualität im Gespräch bleiben oder neu ins Gespräch gebracht werden – innerhalb und außerhalb der Kirche.

Die Geschichte des Glaubens ist ohne Zweifel auch die Geschichte seiner Bestreitung, seines Niedergangs und Neuaufbruchs, seiner Verirrungen und seiner missbräuchlichen Nutzung. Wer könnte das übersehen oder leugnen? Aber der Glaube ist eben auch prägend für unsere Kultur, unser ganzes Gemeinwesen, unser Selbstverständnis.

Ohne Thematisierung der Gottesfrage fehlt etwas! Das gilt sogar für dezidiert atheistische Ideologien, die aus der Bestreitung Gottes ihren kämpferischen Elan beziehen wollen. Mehr als vor Jahren sind heute viele Soziologen und Philosophen der Meinung, dass Religion und damit der Glaube nicht einer vergangenen Epoche angehören, sondern etwas Notwendiges, für den Menschen und seine Welt Wichtiges aufbewahren und einbringen. Ich denke, dass die Welt also ärmer wird und sich entscheidender Möglichkeiten des Denkens und Handelns beraubt ohne die Perspektive des Glaubens. Jürgen Habermas sagt in seinem Buch *Zwischen Naturalismus und Religion*:

Religiöse Überlieferungen leisten bis heute die Artikulation eines Bewusstseins von dem, was fehlt. Sie halten eine Sensibilität für Versagtes wach. Sie bewahren die Dimensionen unseres gesellschaftlichen und persönlichen Zusammenlebens, in denen noch die Fortschritte der kulturellen und gesellschaftlichen Rationalisierung abgründige Zerstörungen angerichtet haben, vor dem Vergessen. Warum sollten sie nicht immer noch verschlüsselte semantische Potenziale enthalten, die, wenn sie nur in begründende Rede verwandelt und ihres profanen Wahrheitsgehaltes entbunden würden, eine inspirierende Kraft entfalten können?[2]

Einfacher formuliert fragt Habermas: Fehlt nicht doch etwas ohne Glaube? Ja, ohne Religion, ohne

Glaube fehlt etwas und deshalb könnte es durchaus sein, dass ein neuer Weg zum Glauben zu den Bedingungen einer guten Zukunft für alle gehört.

Es geht in diesem kleinen Buch um eine Einladung zum Glauben. Es ist in gewisser Weise auch ein ganz persönlicher Weg, aber ich freue mich, wenn Sie die Einladung annehmen.

1
Ich glaube

Seit es Menschen gibt, gibt es Glauben und von daher auch Religion. Denn zum charakteristischen Kennzeichen des Menschseins gehört die Bestimmung seines Verhältnisses zur Welt und zur Wirklichkeit. Menschen können »Ich« sagen, haben Selbstbewusstsein und gleichzeitig sind sie in gewisser Weise neugierig, offen, auf Beziehungen aus. Menschen wollen ihre Umwelt nicht nur entdecken, sondern auch verstehen, begreifen. Menschen suchen ihren Ort in der Welt und fragen sich, woher sie kommen, wohin sie gehen und warum es überhaupt etwas gibt. Auf verschiedene Weise werden die Erfahrungen verarbeitet, die wir im Verhältnis zu unseren Mitmenschen und in der Beziehung zu unserer Umwelt machen. Wir leben nicht nur instinktiv, sondern beobachten uns selbst beim Leben und wollen wissen, was geschieht und warum. Zum Menschsein gehört nicht nur, die Welt zu erleben und zu erleiden, sondern sie in Worten und Begriffen, in Haltungen und Lebensweisen zu verarbeiten und zu gestalten. Hoffen und sich freuen, feiern und nachdenken, künstlerisch wirken und eben auch glauben gehören zu den Fähigkeiten des menschlichen Geistes, um mit der Fülle an Erfahrungen umzugehen und sie zu deuten.

Für mich ist es offensichtlich, dass die religiöse Bindung, der Glaube von Anfang an ein Kennzeichen des Menschseins ist und eine Möglichkeit – und zwar eine sehr entscheidende und wichtige –, mit der Vielfalt der Eindrücke und Erfahrungen umzugehen, die Welt zu deuten und sie zu überschreiten, zu transzendieren.

Die Fülle der Wirklichkeit lässt sich nicht nur auf eine Weise erfassen und auch nicht nur durch einen Menschen, durch das eigene Ich. Ist es da nicht eher erstaunlich und bemerkenswert, wenn Menschen den Glauben als Möglichkeit des menschlichen Geistes für sich ganz ausschließen? Die Versuchung zum ›Nicht-Glauben‹ ist eigentlich erst eine neuzeitliche Entwicklung. Wie auch immer der Glaubensinhalt sein mag, es erscheint mir mit Blick auf die Menschheitsgeschichte und die faszinierende Größe des menschlichen Geistes als eine Verarmung, die Fähigkeit und Möglichkeit des

Glaubens generell und umfassend für mich auszuschließen.

Martin Mosebach hat diese Haltung literarisch gut ins Wort gebracht in seiner Einleitung zu Gilbert Keith Chestertons Buch *Orthodoxie.* Mosebach schreibt:

Am 6. Mai 1756 schrieb die Marquise de Pompadour an den Comte de Tressan, der in Nancy am Hof des Königs Stanislaus Leszczyński lebte, um von ihm etwas über eine schier unglaubliche Laune der Natur zu erfahren: »Man erzählt, dass der König von Polen einen ganz wunderbaren Zwerg habe, der tausenderlei geistreichste Scherze treibe, obgleich es ihm nicht begreiflich zu machen sei, dass es Gott gibt.« Die Unfähigkeit zu glauben erschien der Dame aus dem angeblich so ungläubigen achtzehnten Jahrhundert als eine seelische Monstrosität, die der körperlichen Verkrüppelung des Zwergs auf eigentümliche Weise entsprach. In ihrer Umgebung lebten zwar einige Schriftsteller, die sich ›Libertins‹ nannten und die Kirche heftig angriffen, aber viele davon waren weniger ›Feinde Gottes als Feinde des Mesners‹, wie Gómez Dávila sagt, und der Wortführer der Freigeister, der mächtige Voltaire, baute Gott – ›Deo fecit Voltaire‹ – eine hübsche Kapelle auf seinem Gut Ferney. Acht-

hunderttausend Jahre alt sind die neuerdings in China gefundenen steinernen Äxte, die bisher ältesten Zeugnisse der Menschheitsgeschichte, aber der Atheismus als kulturelles, die Massen berührendes Phänomen blickt erst auf gut zweihundert Jahre zurück. Bis ins neunzehnte Jahrhundert hinein war ein Atheist für weite Kreise so unheimlich wie der Zwerg des Königs von Polen – war es möglich, dass Atheisten treue Freunde, anständige Kaufleute, loyale Bürger sein konnten? Heute erscheinen solche Fragen als Inbegriff eines philiströsen Fanatismus. Sie waren es nicht, als die überwiegende Zahl der Menschen davon überzeugt war, Gott alles zu verdanken, nicht nur das Leben, sondern auch das Gesetz, wonach es zu führen sei, nicht nur die Kenntnis von Gut und Böse, sondern jeden ungetrübten Genuss, jedes reine Glück und jeden gelungenen Augenblick. Wenn der Glaube an Gott bedeutete, dass die Menschen Geschöpfe dieses Gottes waren, war der Unglaube ein Raub an den Menschen, denn er nahm ihnen ihre menschlichste Eigenschaft und den Grund für ihre Würde.«[3]

Die menschlichen Möglichkeiten des Begreifens, die geistigen Fähigkeiten des Menschen allgemein zu reduzieren auf das, was man berechnen und empirisch beweisen kann, ist tatsächlich ein Raub am Menschen und führt zu einer geistigen Verarmung. Aufklärung kann nicht bedeuten, den Glauben für eine überholte Form des menschlichen Geistes zu erklären, sondern mit den Mitteln des Geistes und der Vernunft den Glauben immer wieder herauszufordern. Das ist etwas ganz anderes. Denn ohne Glauben klammere ich die Fähigkeit des Menschen zur Transzendenz aus. Und das ist die Möglichkeit, über sich hinauszugehen, das eigene Ich zu übersteigen in eine nicht abschließbare Weite hinein. Zur Erfahrungswelt des Menschen gehören eben das Leben und der Tod, das Leiden und die Schuld, die Schönheit und die Liebe, die Freude und die Trauer, das Gebet und das Opfer, das ›unsterbliche Gerücht‹ von Gott[4] und die Religion. Und diese Erfahrungen fordern uns heraus, uns dazu zu verhalten.

Glauben ist ein Verb, ein Tätigkeitswort, beschreibt also ein Tun. Im Glauben gehe ich tastend und suchend über Grenzen hinaus, öffne Türen und begebe mich in gewisser Weise auf eine Abenteuerreise meines Geistes, auf einen Weg, der mir unbekannt, der offen ist, den ich gestalte. Der Weg ist nicht vorgegeben, sondern ich präge und schaffe ihn, indem ich ihn gehe. Aber dieser Weg ist auch offen für Begegnungen, für das, was unerwartet auf mich zukommt, für die Erfahrungen anderer, die mich herausfordern. Vor allem ist es ein Weg der Erwartung und der Öffnung auf ein Du hin, nach dem ich Ausschau halte. Ich weiß, dass dieses geistige Gehen auch riskant ist, denn ich bin bereit, mich von diesen Erfahrungen und von diesem Du ansprechen zu lassen. Ich wage es, mich und mein Leben zu ändern, vom ›Anderen‹ her neu zu denken, umzukehren.

Auf dieses geistige Abenteuer möchte ich persönlich nicht verzichten. Auch wenn die Frage nagend und fordernd bleibt: Ist es denn wahr? Diese Frage richtet sich natürlich nicht nur an den Glauben, sondern an alles, was wir erfahren. Sie wird bei jeder Zeitungslektüre in uns wachgerufen. Ja, die Überfülle an Informationen, die uns zur Verfügung steht, intensiviert die Frage sogar noch: Ist es wahr? Was gilt? Wem können wir vertrauen? Manchmal habe ich den Eindruck, dass da, wo der religiöse Glaube zu schwinden scheint, der Glaube sich in andere Bereiche verlagert und zu einem blinden Glauben wird, der sich einfach im ›mainstream‹ der Meinungen mitziehen lässt. Aber noch einmal: Ist es wahr? Kann ich für den Glauben Gründe finden? Bewährt sich das, was ich im Glauben denke und erfahre? Dazu muss ich mich auf den Weg machen, das lässt sich nicht nur theoretisch abarbeiten, sondern braucht die Verbindung von Theorie und Praxis.

Jedenfalls gilt: Es gibt keinen empirischen, naturwissenschaftlichen Beweis für die Möglichkeit der Transzendenz und für die Existenz Gottes. Aber daraus die Schlussfolgerung zu ziehen, deshalb könne es das gar nicht geben, ist unhaltbar und unvernünftig. Auf dieser Ebene muss die Frage zumindest offenbleiben und ist nicht zu erledigen. Es gibt vernünftige Menschen, die glauben, und vernünftige Menschen, die nicht glauben.

Die Aussage von Georg Büchner, das Leiden sei der ›Fels des Atheismus‹[5], hat einen starken Sog der Zustimmung entwickelt. Es ist das Problem der Theodizee, also der Frage, wie sich der Glaube an Gott rechtfertigen lässt angesichts des Leidens. In dieser Erfahrung ungerechten Leidens entscheidet sich für viele Menschen die Gottesfrage. Dass und wie sehr ungerechtes Leiden unser Menschsein überhaupt infrage stellt, ist nicht wegzudiskutieren. Und es ist vielleicht die Frage aller Fragen, an der wir uns alle – jeder auf seine Art – abarbeiten. Und noch mehr stehen wir vor dieser Frage angesichts des Todes, des eigenen und des Todes der anderen.

Ich habe für mich eine andere Perspektive gewonnen: Leiden und Tod können auch ein ›Fels des Glaubens‹ sein. Denn ein sinnloses Leiden und Sterben erscheint mir unvernünftig und unplausibel. Es durchkreuzt meine unstillbare Sehnsucht nach einer Antwort auf die Frage: Wozu mein Leben? Wohin mit meinem und der anderen Leid und Tod? In diesen Fragen ist der Glaube für mich ein Mehrwert, ein Plus, eine Horizonterweiterung. Er eröffnet mir Antworten und Denkmöglichkeiten, die ohne Glauben nicht gegeben sind: die Integration des Todes in mein Leben, die Frage nach dem Sinn meines persönlichen Lebens und die Suche nach einer umfassenden Gerechtigkeit auch für die Opfer der Geschichte.

Glauben oder nicht glauben? Es lässt sich nicht rein theoretisch entscheiden. Es braucht den Praxistest, die Bewährung in der Erfahrung. Wenn wir diesen Schritt von der Theorie zur Praxis wagen auf dem Weg des Glaubens, ist jedoch auch nicht alles gelöst, sondern es tauchen neue Fragen und neue Ungewissheiten auf. Denn zum einen ist die Vielfalt der Religionen für manche eher verwirrend und die Religionsgeschichte keine durchweg erfreuliche Angelegenheit. Der Glaube an Gott erscheint vielen im Praxistest eher als gefährliche

Ideologie. Mit Glauben wird gerade in den aktuellen gesellschaftlichen Diskussionen die Gefahr des Fundamentalismus verbunden. Zeigt sich hier nicht, dass Glauben nur Mittel zum Zweck ist und Religion nur eine bestimmte Art und Weise, Macht auszuüben?

Und zum anderen gibt es die Tendenz eines gewissen Agnostizismus, der zwar die Möglichkeit Gottes nicht bestreitet, aber ihn so weit von der Welt des Menschen entfernt, dass er im Grunde belanglos wird, sodass es völlig gleichgültig ist, ob jemand an Gott glaubt oder nicht.

Und als Weiteres gibt es die Variante, den Glauben zur Gefühlsduselei, zur sentimentalen Erregung zu degradieren, ohne damit auch nur ansatzweise der Bedeutung von Gefühl für das menschliche Leben gerecht zu werden. Glauben ist dann eher eine bestimmte Art der Selbsterfahrung. Es werden dann gerade nicht Türen geöffnet und das Ich aufgeschlossen für neue Möglichkeiten der Begegnung und des Lebens, sondern die Begegnung findet nur mit sich selbst statt, wird narzisstisch und damit selbstverliebt.

Wirkliche Selbsterkenntnis kann – so denke ich – nur gelingen, wenn der Weg in meine Innerlichkeit hinein geöffnet bleibt für die Begegnung.

So wie es in einzigartiger Weise Augustinus in seinem Weg der Selbsterfahrung beschrieben hat, dass nämlich auch in der Suche nach innen jemand auf mich wartet. Augustinus beschreibt es in den berühmten *Bekenntnissen* in der Form eines Gebetes so:

Spät hab ich Dich geliebt, Du Schönheit, ewig alt und ewig neu, spät hab ich Dich geliebt. Und siehe, Du warst innen und ich war draußen; und da suchte ich nach Dir und auf das Schöngestaltete, das Du geschaffen, warf ich mich, selber eine Missgestalt. Du warst bei mir, ich war nicht bei Dir. Was doch nicht wäre, wär es nicht in Dir, das eben zog mich weit von Dir.[6]

Wie aber den Weg finden in der Fülle der Glaubenserfahrungen und Religionen? Offensichtlich finden Menschen ganz verschiedene Wege, einer Glaubenshaltung Ausdruck zu verleihen. Das kann zu einem Relativismus führen, den Benedikt XVI. immer wieder mit Sorge gesehen hat. Es gibt dann nur noch Meinungen, aber keine Wahrheit mehr. Pluralität verkommt dann zur Beliebigkeit, und das ist ein Abgesang auf die Wahrheit. Wenn der Glaube auf eine subjektive Empfindung begrenzt bleibt, ist eine Kommunikation darüber kaum mehr möglich und sinnvoll. Der Praxistest kommt dann zum Ergebnis: Ich glaube das, was mir guttut. Um es im Bild des Abenteuers zu sagen: Ich bleibe dann in meiner Komfortzone, gehe nicht an meine Grenzen oder gar über sie hinaus. Ich bleibe also dem verhaftet, was ich schon kenne und verstehe und erfahren habe. Das verhindert die Entdeckung von etwas ganz anderem, von wirklich neuen Welten. Damit verschließe ich mich der Frage, ob es im Weg des Glaubens Wirklichkeit und Wahrheit zu entdecken gibt: eine Wahrheit, die mich herausfordert und weiterführt in neue Möglichkeiten meiner Existenz und meines Bewusstseins.

Auf dem Weg des Glaubens erkennen wir, dass wir mit unseren Möglichkeiten des Denkens, des Suchens nur bis zu einer bestimmten Grenze kommen. Diese Grenze müssen wir respektieren, wenn wir den Glauben nicht zum Produkt unserer eigenen Wünsche und Sehnsüchte machen wollen. Ideologie und Fundamentalismus, sentimentale Verkürzung und Banalisierung des Glaubens geschehen dort, wo diese Grenze nicht respektiert wird und wir unser eigenes Empfinden und Denken zur Religion machen. Dann bleiben wir gefangen in unserer eigenen Welt und es findet eben kein

Transzendieren statt, kein Hinausführen in eine neue Wirklichkeit, in ein neues Leben, das über unsere Existenz hinausreicht. Religion bedeutet dann gerade keine Rückbindung des Menschen an Gott, sondern eine Rückbindung an denjenigen, der mir seine Ideologie anbietet, beziehungsweise an mich selbst.

Im Glauben dagegen, so wie ich ihn verstehe, eröffnet sich eine neue Möglichkeit des Menschseins, die auch, aber wesentlich nicht nur von mir selbst abhängt. Denn wir können mit unseren Mitteln Gott nicht erreichen. Wir können suchend und tastend, denkend und betend an die Grenze, an die Schwelle gelangen. Eine Begegnung erzwingen können wir nicht. Die Tür mit Gewalt öffnen, ist nicht möglich; das wäre eine unzulässige, ja unmögliche Bestreitung unserer Geschöpflichkeit. So wird es ja auch in der Geschichte vom Sündenfall der ersten Menschen in der Bibel beschrieben. Wir können den Gedanken fassen, dass es Gott gibt. Aber wer er ist und ob es eine Möglichkeit gibt, mit ihm in Kontakt zu treten, Gemeinschaft mit ihm zu haben, das ist von unseren Fähigkeiten und Anstrengungen her nicht zu beantworten. Vielleicht kommen wir noch bis zu der Überlegung, dass Gott nicht weniger sein kann als wir. Er kann kein Ding sein, kein Gegenstand, nicht Luft und Feuer, Wolke, sondern mehr, als wir sind, und keinesfalls weniger. Das heißt, er muss Person sein, ein Du, das fähig ist zu Kommunikation und Begegnung. Aber es bleibt dabei: Wir können ihn nicht mit unseren Mitteln erreichen, ihn nicht mit unseren Opfern und Gebeten in die Kommunikation mit uns zwingen. Die Brücke zu ihm können wir versuchen zu bauen, aber die Begegnung auf dieser Brücke kann von uns aus nicht gemacht werden.

Es geht eigentlich nur umgekehrt. Gott kann die Brücke zu uns bauen und Gemeinschaft ermöglichen, er kann auf uns zukommen, er kann sich uns zeigen, er kann die Kommunikation mit uns suchen, er kann uns ansprechen und wir können ihm auf dieser Brücke entgegengehen, uns öffnen und bereit sein für diese Erfahrung. Ohne die Begegnung bleibt alle religiöse Suche unbestimmt und läuft ins Leere. Und das genau ist es, was der christliche Glaube anbietet: Gott offenbart sich selbst dem Menschen, er kommt auf den Menschen zu auf menschlich fassbare Weise, er wird uns zugänglich, er spricht in der Gestalt Jesu von Nazaret. Das ist der Zuspruch und zugleich die Zumutung des christlichen Glaubens.

2
Ich glaube dir

Das Wort *glauben* hat viele Bedeutungen in unserem Sprachgebrauch und wir benutzen das Wort relativ häufig. Es kann heißen: annehmen, meinen, denken, vermuten, tippen, auf etwas bauen, wähnen, für wahrscheinlich halten, für wahr halten, gläubig sein, vertrauen, hoffen. Diese Vielfalt lichtet sich ein wenig, wenn man auf die Herkunft des Wortes blickt. Im Hebräischen kommt es vom Verb *'amàn* und heißt so viel wie *jemanden fest sein lassen, stützen* (das Amen in der Kirche ist hier übrigens auch verwurzelt). »Der Begriff *'emûnah* kann sowohl für die Treue Gottes als auch für den Glauben des Menschen stehen. […] Diese zwei Bedeutungen liegen auch den entsprechenden Begriffen in Griechisch (*pistós*) und in Latein (*fidelis*) zugrunde.«[7] Und *Credo* kommt vom lateinischen Verb *credere*, und das bedeutet *sein Herz setzen*. Alle diese Bedeutungen laufen auf eine Beziehung hinaus, auf Gemeinschaft und Begegnung, auf Vertrauen und Sich-festhalten-Können.

Obwohl man das Vertrauen in einen anderen nicht absichern kann, braucht es in gewisser Hinsicht eine solide Grundlage für eine Beziehung. Das ist auch so in der Beziehung mit Gott. Juden und Christen finden diese Grundlage vor allem in der Bibel. Sie erzählt uns von einem intensiven Geschehen zwischen Gott und seinem Volk. Für uns Christen findet diese Begegnung Gottes mit dem Menschen ihren Höhepunkt in Jesus von Nazaret. Er ist der Mensch, der ganz von Gott herkommt. Er symbolisiert nicht nur die Begegnung zwischen Gott und Mensch, sondern er selbst ist Gott und Mensch.

Wie kann ich mir das vorstellen? Für mich jedenfalls ist es sehr nachvollziehbar, dass es für die Begegnung von Gott und Mensch einer Vermittlung bedarf. Wie soll denn der Schöpfer des Himmels und der Erde, das absolute Geheimnis, überhaupt in Beziehung treten zu mir, dem Geschöpf? Und zwar auf eine Art, die dem Menschen zugänglich ist und doch ganz den Blick öffnet in die Wirklichkeit Gottes hinein? Das ist für mich der plausible Grund für die Menschwerdung Gottes in Jesus Christus.

Es geht um eine Vermittlung, die notwendig ist, weil wir uns nicht vorstellen können, dass Gott direkt als Schöpfer dem Geschöpf begegnet. Denn darum geht es und diese Begegnung ist ja Dreh- und Angelpunkt des Glaubens. Wie aber soll das möglich sein, wenn wir daran festhalten, dass Gott so sehr der Andere ist, dass wir ihn nicht allein aus unseren Fähigkeiten heraus erkennen können? Gott muss also Mittel und Wege finden, um auf uns so zuzukommen, uns zu begegnen, um so mit uns zu sprechen, dass wir ihn überhaupt verstehen – und es aushalten können.

Nicht grundlos heißt es im Alten Testament: »… denn kein Mensch kann mich sehen und am Leben bleiben« (Ex 33,20). Mir ist das vor einigen Jahren noch einmal klar geworden in einer Begegnung mit Philipp Freiherr von Boeselager, einem der Widerstandskämpfer des 20. Juli 1944. Er erzählte mir, wie er überhaupt dazu gekommen ist, nach dem Zweiten Weltkrieg, nach all den Schrecken, die er erlebt hatte, neu vom christlichen Glauben auszugehen und diesen auch neu als Aufgabe zu sehen. Schließlich gehörte er mit zu den Gründern des Malteser-Hilfsdienstes und die Krankenwallfahrten nach Lourdes sind seiner Initiative zu verdanken. Kurz nach Ende des Zweiten Weltkrieges bat ihn eine befreundete Familie, mit ihrer sterbenskranken Tochter nach Lourdes zu fahren. Er war gar nicht so recht überzeugt mitzufahren und wollte lieber zügig sein Studium fortsetzen. Schließlich gab er dem Drängen der Familie nach. In Lourdes angekommen, begab er sich abends erst einmal in sein Quartier und ging am nächsten Morgen zu dem Ort, wo die Kranken in das Wasser von Lourdes eingetaucht werden. Und dann winkt ihm dort das schwer kranke Mädchen zu: Es ist für ihn unfassbar, aber sie ist geheilt. Freiherr von Boeselager sagte in unserem Gespräch Folgendes zu mir:

Ich habe das Wunder gesehen. Und deshalb bitte ich jedes Mal, wenn ich wieder in Lourdes bin, Gott darum, dass Wunder geschehen. Aber bitte nicht in meiner Nähe. Der Mensch hält es nicht aus, wenn in seiner Nähe Wunder geschehen, wenn Gottes Macht direkt neben ihm einschlägt. Deshalb kommt Gott als Mensch zu uns. Und darum muss Gott zu uns Menschen kommen in einer Weise, die wir annehmen können. Er muss sich klein machen wie im Brot der heiligen Messe. Wir könnten es sonst nicht ertragen.

Mit diesen schlichten Worten hat von Boeselager genau das Zentrum unseres Glaubens erfasst.

Für die Begegnung und Gemeinschaft mit Gott braucht es also einen für den Menschen verstehbaren und gangbaren Weg. So ergibt sich für mich konsequent aus dem Gedanken der Offenbarung oder – mit einem anderen Wort – aus der Selbstmitteilung Gottes die Notwendigkeit einer menschlichen Vermittlung, damit das Offenbarte, die Botschaft, auch ankommen kann. Gott löst dieses Problem sozusagen durch seine Menschwerdung. Er kommt den Menschen so nahe wie nur irgendwie möglich.

Diese Nähe hat für uns als Christen einen Anhaltspunkt: Jesus von Nazaret und der Glaube an ihn. Nur durch ihn können wir uns eine Vorstellung von Gott machen. In der Geschichte Jesu von Nazaret erzählt uns Gott: So bin ich für euch; lasst eure eigenen Vorstellungen und Bilder hinter euch, schaut auf diesen Mann aus Nazaret, dann wisst ihr, wie ihr euch Gott vorzustellen habt. »Wer mich gesehen hat, hat den Vater gesehen«, sagt Jesus selbst (Joh 14,9). Das ist der entscheidende Punkt des christlichen Glaubens: Alles steht und fällt mit der Glaubwürdigkeit dieser Gestalt.

Joseph Ratzinger zitiert in seiner *Einführung in das Christentum* eine Erzählung, die auf den Religionsphilosophen Søren Kierkegaard zurückgeht:

Diese Geschichte sagt, dass ein Reisezirkus in Dänemark in Brand geraten war. Der Direktor schickte daraufhin den Clown, der schon zur Vorstellung gerüstet war, in das benachbarte Dorf, um Hilfe zu holen, zumal die Gefahr bestand, dass über die abgeernteten, ausgetrockneten Felder das Feuer auch auf das Dorf übergreifen würde. Der Clown eilte in das Dorf und bat die Bewohner, sie möchten eiligst zu dem brennenden Zirkus kommen und löschen helfen. Aber die Dörfler hielten das Geschrei des Clowns lediglich für einen ausgezeichneten Werbetrick, um sie möglichst zahlreich in die Vorstellung zu locken; sie applaudierten und lachten bis zu den Tränen. Dem Clown war mehr zum Weinen als zum Lachen zumute; er versuchte vergebens, die Menschen zu beschwören, ihnen klarzumachen, dies sei keine Verstellung, kein Trick, es sei bitterer Ernst, es brenne wirklich. Sein Flehen steigerte nur das Gelächter, man fand, er spiele seine Rolle ausgezeichnet – bis schließlich in der Tat das Feuer auf das Dorf übergegriffen hatte und jede Hilfe zu spät kam, sodass Dorf und Zirkus gleichermaßen verbrannten.[8]

An dieser Geschichte wird deutlich: Zum Glauben gehört dreierlei. Zunächst der Bote, der Zeuge, der etwas zu verkünden hat. Dann der Angesprochene, der Zuhörer, der etwas aufnimmt. Und als Drittes die Botschaft, die verkündet wird. Entscheidend ist, ob der Zeuge glaubwürdig ist. Denn erst, wenn wir dem Zeugen vertrauen, nähern wir uns auch dem Inhalt seiner Botschaft. Wenn die Kommunikation aber auf der Beziehungsebene gestört ist, kann die Botschaft gar nicht erst ankommen.

Deswegen ist der Grundakt des Glaubens nicht: Was muss ich glauben? Sondern der Grundakt des Glaubens ist: Wem kann ich glauben? Ich glaube dir! Und gerade deshalb ist die Glaubwürdigkeit der Zeugen, der Boten, der Kirche so wichtig, denn sie sollen Hinweis sein auf den, dem ich mich ganz anvertraue: Jesus. Aber es braucht ebenfalls die Bereitschaft, sich von vordergründigen Wahrnehmungen zu trennen und Vorurteile hinter sich zu lassen, um auch im ›Clown‹ denjenigen erkennen zu können, der eine wichtige, ja lebensrettende Botschaft für mich hat.

»Ich glaube dir«, das sagen wir zu Jesus von Nazaret. Ich glaube Jesus; ich glaube, es ist wahr, was er gesagt hat, was er gelebt hat, was er verkündet. Natürlich sind Inhalt und Person eng verbunden; das wird uns gerade in den Evangelien erzählt. Bei Jesus sind Person und Botschaft eins geworden. Jesus war – um es mit einem heutigen Wort zu sagen – authentisch. Er ist, was er verkündet. Das heißt: Jesus ist Gott. Und er verkündet Gott.

Auch die ersten Zeugen, die Jünger, bezeugen zunächst die Person Jesu Christi. Und weil sie ihm vertrauen, glauben sie auch seiner Rede. Das setzt sich dann fort in der Gemeinschaft der ersten Christen, wie dann auch in der Kirche insgesamt. Gerade an diesem Punkt sind wir auf die Tradition angewiesen, denn wir müssen den ersten Zeugen vertrauen und dem, was sie von Jesus überliefert haben.

Wer den Glauben weitertragen will, muss deshalb selbst glaubwürdig sein. Die Weitergabe des Glaubens kann nicht vor allem dadurch geschehen, dass Inhalte rezitiert und auswendig gelernt werden, sondern dadurch, dass Menschen zu Boten, zu Zeugen werden, die die Botschaft authentisch leben, weil sie von der Wahrheit Jesu überzeugt sind. Ein älterer Priester sagte mir einmal: »Der Glaube kommt auf zwei Beinen zu uns.« Das stellt uns als Kirche in die besondere Verantwortung, glaubwürdig zu sein. Denn sonst verdunkeln wir das Zeugnis und erschweren den Weg zum Glauben.

Allerdings genügt die Kirche nicht immer diesem Anspruch. Es besteht kein Zweifel, dass insbesondere die Erkenntnis über den sexuellen Missbrauch von Kindern und Jugendlichen in der Kirche diese Glaubwürdigkeit für viele erschüttert hat. Die Erschütterung innerhalb und außerhalb der Kirche war groß, weil gerade die Kirche als Institution für das Gute, ja sogar für das Heilige steht. Denn sie verkündet ja Gottes Botschaft, der jeden Menschen liebt. Diese frohe Botschaft darf nicht verstellt werden durch Falschheit, durch Heuchelei, durch Machtmissbrauch. Wenn die Kirche die Botin des Gottes ist, der zu jedem Menschen sagt: »Ich liebe dich«, »Du sollst leben!«, dann muss man ihr vertrauen können. Deshalb sind Echtheit und Glaubwürdigkeit so wichtig, die zeigen, dass es keine Widersprüchlichkeit von Sein und Schein gibt. So wie bei Jesus selbst. Und deshalb ruft Jesus immer wieder dazu auf, das Innere und Äußere in Übereinstimmung zu bringen.

Sowohl in ihrem institutionellen Gefüge wie im Leben ihrer Gläubigen muss die Kirche also alles tun, um die Kluft zwischen Sein und Schein zu überwinden. Glaubwürdigkeit entsteht, wenn Schein und Sein, Außen und Innen so gut wie möglich übereinstimmen, wenn gelebt wird, was verkündet wird, wenn Wort und Tat sich aneinander messen lassen. Eine solche Authentizität muss ein Erkennungszeichen der Jünger Christi sein.

In Kierkegaards Erzählung ist der Bote für die Menschen unglaubwürdig, weil die Botschaft nicht zur Person passt und die Menschen hinter der Maske des Clowns nicht die für sie lebensrettende Nachricht erkennen wollen oder können. Das bedeutet auch: Wir dürfen uns nicht täuschen lassen, sondern müssen den Zeugen wirklich nahekommen, um zu entdecken, wer sie sind und was sie zu sagen haben. Und Kierkegaard wollte die Geschichte auch auf Jesus selbst beziehen, denn viele lehnten ihn ab, weil er ihren Vorstellungen nicht entsprach und auch heute noch nicht entspricht. Doch selbst dann, wenn wir uns an diesen Jesus halten, wenn wir den Weg mit ihm gehen in der Gemeinschaft der Glaubenden, bleibt Gott geheimnisvoll. Der Glaube gibt dann immer noch keine absolute Sicherheit, aber eine Gewissheit, die stärker sein kann als Wissen. Es ist ähnlich wie bei der Liebe, die auch kein gesichertes Wissen ist, aber doch eine starke Gewissheit und damit eine viel stärkere Wirkung in uns entfalten kann als das Wissen. Vertrauen, Liebe und Glaube können Gewissheit geben, die über alles Wissen hinausgeht und vor allen Dingen eine tragende Kraft ist und Mut macht.

Auch für mich, der ich als Bischof oft über Gott rede, bleibt Gott ein unaussprechliches Geheimnis.

Wie könnte ich einen Anspruch darauf erheben, ihn ein für alle Mal in meine Begriffe und Worte zu fassen? Das wäre fast ideologisch und vermessen und würde mir selbst auch die Möglichkeit nehmen, im Glauben immer wieder auch Neues zu entdecken und neugierig zu bleiben. Aber dass Gott ein Geheimnis bleibt, heißt nicht, dass ich sprachlos bin und von ihm – und vor allem mit ihm und zu ihm – nicht sprechen kann. Denn ich kann mich an Jesus von Nazaret halten, um einigermaßen in und mit dieser unendlich größeren Wirklichkeit leben zu können.

Für mich ist es immer wieder tröstlich und befreiend, auf Jesus zu schauen, denn vom Leben und von der Botschaft Jesu her darf ich glauben, dass Gott ein liebender Vater ist, dass der, der uns geschaffen hat, unser Leben wirklich will und dieses Leben liebt. Wenn ich von Jesus her auf Gott schaue, dann glaube ich, dass es gut ist, ein Mensch zu sein in der Gemeinschaft der Menschen. Wenn ich Jesus glaube, dann glaube ich mit ihm an den Gott, der zu mir sagt: »Du sollst leben. Für immer!«

Und dann kann auch das scheinbar so komplizierte Gottesbild des Christentums einsichtig und anziehend werden: das Bild vom einen Gott in drei Personen. Der Glaube an den dreieinen Gott ist der

Mittelpunkt des christlichen Gottesbildes. Umso bedauerlicher ist es, dass die Lehre von der Dreieinigkeit in der christlichen Frömmigkeit und Lebenspraxis eine so geringe Rolle spielt. Eine Freundin erzählte mir einmal, dass sie schon mehrfach in ihrer Pfarrei den Pfarrer hat predigen hören am Fest der Dreieinigkeit, und jedes Mal begann er mit den Worten: »Die Dreieinigkeit – das ist ein schwieriges Thema!« Für viele Christen ist der Glaube an den dreieinen Gott eher ein unverständliches und unlösbares Problem als ein faszinierendes Abenteuer des Denkens, das durchaus mit unserem Leben zu tun hat. Aber ist denn der Glaube an den dreieinen Gott wirklich so wichtig? Oder ist es nicht einfach zu kompliziert und heute nicht mehr vermittelbar und deshalb auch für den Glauben irrelevant? Das zu bejahen wäre die einfache Lösung. Aber damit würden wir das Denken und Begründen des Glaubens einfach aufgeben.

Thomas Ruster fordert dazu auf, das nicht nur im theologischen Nachdenken zu tun, sondern auch in der Liturgie. Schon beim Kreuzzeichen – »Im Namen des Vaters und des Sohnes und des Heiligen Geistes« – wird deutlich, dass wir uns mit diesem Zeichen nicht unter die Herrschaft eines allmächtigen Herrn stellen, sondern dass Gott seine Allmacht in gewisser Weise teilt. Es lohnt, darauf besonders in der Liturgie zu achten, denn dort »ist von der Macht und Herrschaft Gottes und Jesu Christi immer (!) in trinitarischen Zusammenhängen die Rede. Der da im Gloria ›der Herr‹ und ›der Höchste‹ genannt wird, der ist das ›mit dem Heiligen Geist, zur Ehre Gottes des Vaters‹. [...] Die Macht Gottes ist die Macht des dreieinigen Gottes.«[9]

Der Kern der Botschaft vom dreieinen Gott ist eben nicht die Macht über den Menschen, sondern die Liebe zum Menschen. Weil Gott die Liebe ist, ist er Beziehung, Kommunikation, Verschwendung seiner selbst. Menschlich gesprochen: Er kann nur sein, wenn er liebt und sich austeilt, Gemeinschaft ermöglicht. Dieser Gott der Bibel geht aus sich heraus, er will Schöpfung und Leben. Warum? Weil er eben die Liebe selbst ist, die nicht bei sich bleiben kann, die sich verschenken will. Gott ist im Grunde Ich und Wir zugleich. Von Jesus her steht die Wirklichkeit Gottes ganz neu vor unseren Augen.

Jesus nennt diesen Gott seinen Vater und er nennt sich selbst den Menschensohn, der ganz Bruder aller Menschen sein will. In diesem Jesus spricht sich Gott ganz aus und gibt sich der Welt. Denn Jesus ist nicht nur ein besonderer Mensch, sondern er ist Gott selbst. Dieser Gott will das Leben der Menschen teilen, es annehmen, die ganze Wirklichkeit an sich heranlassen, nichts ausschließen, ja, »für uns zur Sünde gemacht« werden (vgl. 2 Kor 5,21). Das ist ein ungeheuerlicher, aber faszinierender Gedanke. Diese radikale Nähe Gottes zum Menschen muss auch das Leiden, die Angst, den Tod, die Gewalt, alles Dunkle und Lebensfeindliche irgendwie ›einschließen‹ und so überwinden. Ansonsten wäre die Liebe Gottes zum Menschen nicht wirklich umfassend und vollständig. Gott hält das Leid nicht von sich fern, sondern er lässt sich davon wirklich berühren. Die Freiheit des Menschen begrenzt er nicht. Er setzt sich der Freiheit des Menschen mit allen Konsequenzen ›schutzlos‹ aus. Und deshalb kann ich glauben: Gott lässt zu, dass sich alle Mächte des Todes und der Sünde am Kreuz seines Sohnes austoben können und so zum Erliegen kommen.

Und auch danach gilt: Gott zieht sich nicht zurück von der Welt, sondern er bleibt in Berührung. Er wirkt in der Kraft des Geistes in der Welt. Der Geist ist die kreative Dynamik Gottes selbst, die in Schöpfung und Geschichte wirksam wird. An diesem Geist, der uns in die Spur Jesu drängt, haben wir Anteil. Gott lebt und wirkt in uns.

Der Glaube an den dreieinen Gott zeigt sich also als ein konkreter Weg: Der schöpferische Geist in uns öffnet den Blick auf Jesus von Nazaret. Er ist das Bild Gottes selbst, den er seinen Vater genannt hat. Das ist gemeint, wenn wir im Glauben sagen: Wir gehen im Heiligen Geist durch Christus zum Vater.

Als ich zum ersten Mal in der wunderbaren, beeindruckenden neuen Synagoge *Ohel Jakob (Zelt Jakobs)* in München war, zeigte mir der Rabbi die Tora-Rollen, die – wie in den katholischen Kirchen die Eucharistie im Tabernakel – in einem Schrein verwahrt werden. Diese Ähnlichkeit, einschließlich des ›Ewigen Lichts‹, das vor dem Tora-Schrank angezündet war, war sinnfällig. Der Vergleich drängt sich mir auf, weil Jesus für uns die lebendige Tora ist, so wie es auch Benedikt XVI. in seinem Jesus-Buch formulierte.[10] Der Grundgedanke ist im jüdischen und christlichen Glauben gleich: Gott spricht, er sucht den Menschen auf, er will Begegnung, er bewegt sich auf die Welt zu, er sucht Antwort, er sucht ein Volk, das ein Zeichen für alle Völker ist. Gott ist nicht eingeschlossen in sich selbst, erst recht nicht in einem Schrank, auch nicht im Tabernakel. Er ist der Gott, der da ist, der mitgeht (vgl. Ex 3,14). Das ›Ewige Licht‹ ist das Zeichen für eine besondere Präsenz, für eine besondere Gegenwart Gottes. So wie in der Synagoge das Wort Gottes beim Menschen ankommen will, so will auch die Eucharistie, das lebendige Brot gewordene Wort, empfangen werden. Gott sucht den Menschen und seine Antwort!

Als Christen glauben wir, dass die Heilige Schrift, die Bibel, das wichtigste Zeugnis dafür ist, dass Gott selbst sich dem Menschen schenken will und sich in der Person Jesu zeigt. Und diese Person ist ganz Gott und doch ganz Mensch. Ist das denkbar, ist das möglich? Steht Jesus zugleich ganz auf der Seite Gottes und ganz auf der Seite der Menschen? Ist Jesus ganz Gott und ganz Mensch, oder nicht? Dieser Glaube fordert den menschlichen Verstand heraus und war auch in den Jahrtausenden vor uns nicht einfach zu fassen. Es ist ein ungeheurer gedanklicher Durchbruch. Wenn wir sagen »Gott ist Mensch geworden«, dann ist dies eine wirklich neue Dimension des Gottesbildes.

Das führt mich noch einmal zum Zentrum des christlichen Glaubens, zum Glauben an den dreieinen Gott. Gott ist Gemeinschaft und will Teilhabe an seiner Gemeinschaft geben. Wir bekennen Gott als den Vater, den Sohn und den Heiligen Geist. Ich kann mir nur vorstellen, dass Gott die Liebe ist, wenn er eine reale Gemeinschaft mit mir ermöglicht, wenn er mir nicht äußerlich bleibt, sondern in gewisser Weise in mir wohnt, wie es das Johannes-Evangelium schildert (vgl. etwa Joh 1,14; 6,56; 17,21). Dass in uns unzerstörbares, göttliches Leben wirkt, ist für mich eine anziehende Vorstellung. Wenn Gott sich selbst zeigt und uns sucht, dann ist in uns etwas, das von ihm herkommt, das auch ihn anspricht und anzieht. Daher spricht die Bibel von der Gottebenbildlichkeit des Menschen, vom Lebensodem, der in uns wirkt (vgl. Gen 2,7). Es gibt eine Beziehung zwischen Gott und Mensch, die eben nicht nur äußerlich ist, sondern als Teilhabe, als lebendige Gemeinschaft, als Innerlichkeit, als Inspiration erlebbar ist.

So darf ich glauben, dass ich einbezogen bin in ein großes, göttliches ›Projekt‹, das Schöpfung, Geschichte, Gesellschaft und jeden einzelnen Menschen umfasst und nicht nur meine persönlichen Hoffnungen betrifft, sondern eine Kraft ist, die neue Schöpfung, neues Leben ermöglicht.

Der zentrale Gedanke bleibt die Liebe zwischen Personen, die Erfahrung der Gemeinschaft, die Kommunikation. Und noch einmal greife ich auf den Anfang zurück: Ausgangspunkt ist der Glaube an Jesus Christus. Ihm zu vertrauen, ihm zu glauben, auf ihn zu setzen, ihn zu lieben, mit ihm zu gehen, darum geht es.

Doch nach wie vor stellt sich die Frage: Ist es wahr? Können wir es glauben? Und wieder erkenne ich, dass sich dieser Glaube im Theorie-Praxis-Test bewähren muss. Es geht eben nur, indem wir den Kontakt mit ihm aufnehmen, die Einladung annehmen zu einem Vertrauensverhältnis, den Schritt über uns selbst hinaus auf den anderen, auf diesen Jesus hin wagen und auf die Gemeinschaft des Glaubens.

Übrigens: Nicht nur in der Religion und in der Suche nach Gott kommt es grundlegend auf das Vertrauen an, sondern auch in allen anderen Lebensbereichen. Es reicht nicht aus zu wissen, sondern vor allem die Haltung des Vertrauens kann menschliches Glück, Gemeinschaft, ja letztlich das Miteinander in einer komplexen Gesellschaft ermöglichen. Es ist für mich erstaunlich, dass auch von Ökonomen, Soziologen und Politologen zunehmend unterstrichen wird, dass etwa der Kern der Wirtschafts- und Finanzkrise der letzten Jahre kein technisches Problem ist, sondern eine Vertrauenskrise. Ich glaube, dass Vertrauen verloren gegangen ist, weil ein falsches Menschenbild als Leitidee propagiert und praktiziert wurde, nämlich: Jeder soll und darf zunächst und vor allem an seinen eigenen Vorteil denken. Darauf wurden dann auch die entsprechenden ›Anreizsysteme‹ aufgebaut. Und das kann auch eine Zeit lang funktionieren, denn als Menschen sind wir alle auch Sünder, wir sind fehlbar und verführbar. Langfristig führt ein solches Menschenbild aber zu einer Kultur des Misstrauens und hat negative Konsequenzen für die Gesellschaft. Vertrauen ist jedoch die wichtigste Ressource für ein zukunftsfähiges Gemeinwesen. Aber Vertrauen kann nicht erzwungen werden durch Befehl oder Strafrecht. Es ist eine Herausforderung für jeden Einzelnen, vertrauenswürdig zu sein und immer wieder um Vertrauen zu werben und das Vertrauen auch zu rechtfertigen. Das gilt für uns persönlich und das gilt auch für die Institutionen, für die wir verantwortlich sind. Ohne Vertrauen hat eine Gesellschaft keine Zukunft.

Was im Bereich von Ökonomie und Gesellschaft nicht nur plausibel ist, sondern sich als absolut notwendig erwiesen hat, sollte das im Bereich des Glaubens also unbedeutend sein? Nein, auf dem Weg des Glaubens kommen wir nur weiter, wenn wir die Kraft zum Vertrauen aufbringen. Vertrauen den Zeuginnen und Zeugen gegenüber, die durch die Geschichte des Volkes Gottes hindurch den

Glauben gelebt haben, und Vertrauen der Gemeinschaft gegenüber, die auch heute versucht, im Glauben zu leben. Natürlich muss Vertrauen sich immer wieder neu bewähren. Allein glauben oder im Misstrauen verharren, führt nicht zum Ziel. Die größte Ressource für unser Zusammenleben und unseren Glauben ist das Vertrauen, das Sich-Anvertrauen. Und diesen Schritt können und müssen wir nicht allein gehen. Zum Vertrauen braucht man mindestens zwei: ein Ich und ein Du – und darüber hinaus auch das Wir.

3
Wir glauben

Mir ist in den letzten Jahren klar geworden, dass eine Ursache der großen Wirtschafts- und Finanzkrise, die im Jahr 2008 / 2009 ihren Höhepunkt hatte, eine falsche Vorstellung vom Menschen ist, ein Menschenbild, das in die Irre führt und mitverantwortlich ist für viele Probleme in unserer Gesellschaft. Dieses Bild geht aus vom einzelnen Menschen, verstanden als Individuum, das auf seine Interessen und Bedürfnisse fixiert ist. Die Ökonomen nennen es das Konzept des ›homo oeconomicus‹, das allerdings grundgelegt ist in einem philosophischen Individualismus, der ausgeht von der Autonomie des Subjekts. Dieser Idee verdanken wir durchaus viel, aber sie kann auch falsch verstanden werden in dem Sinne, als gäbe es den Menschen vor allem und nur als ›Ich‹. Es gibt aber kein ›Ich‹ ohne ein ›Wir‹. Kein Mensch hat sich selbst gemacht, wir sind aufeinander bezogen und im Miteinander und

Füreinander entwickeln wir uns zu Persönlichkeiten, lernen wir, lieben wir, entdecken wir die Welt und das Leben. Für sich kann keiner sein. Nur für sich zu leben, macht unglücklich und lässt den Menschen verkümmern. Es ist eben nicht gut, dass der Mensch allein ist, wie es am Anfang der Bibel heißt (vgl. Gen 2,18). Deshalb wird das christliche Menschenbild zusammengefasst im Begriff der Person, der immer auch Beziehung meint, ›Ich‹ und ›Wir‹ zusammensieht. Erst wenn das eigene Leben sich öffnet für den anderen, kann es ›gelingen‹. Das zeigt uns die tägliche Erfahrung, das gilt im gemeinsamen Arbeiten, in der Familie, im Aufbau von Gemeinschaft und Gesellschaft. Und das erfahren wir auch im Weg des Glaubens.

Glauben ist deshalb nicht nur eine individuelle Suchbewegung, sondern schaut aus nach denen, die diesen Weg in der Vergangenheit und Gegenwart gegangen sind und gehen. Glaube sucht Zeuginnen und Zeugen, Vorbilder, Ermutiger, Personen, die mit ihrem Leben beispielhaft zeigen können, wie Glauben geht. Niemand glaubt allein. Oder, wie es Benedikt XVI. gesagt hat: »Wer glaubt, ist nicht allein« – und bleibt auch nicht allein. Durch den Glauben entsteht eine Dynamik der Kommunikation, der Gemeinschaft, des Miteinander, des Austausches, der uns in unserem Suchen bereichert.

Gerade an der Entstehung des Osterglaubens, des Glaubens an die Auferstehung Jesu von Nazaret, kann man das gut erkennen: Wie ein Lauffeuer verbreitet sich die Nachricht, dass der Leib Jesu nicht mehr im Grab ist, ja dass der auferstandene Jesus sogar einigen erschienen ist. Die Zeuginnen und Zeugen tauschen sich aus, diskutieren miteinander über ihre Zweifel und ihre Fragen, über ihre Freude und ihre Begegnungen mit diesem Jesus. Sie überlegen miteinander, was das alles bedeutet, und machen gemeinsame Erfahrungen, etwa im Gebet und in der Feier des österlichen Mahles. Und es festigt sich in ihrem Miteinandersein die Überzeugung: Jesus lebt!

Jeder macht seine eigenen Erfahrungen, aber dadurch, dass sie mit anderen geteilt werden, erfahren sie so etwas wie eine Bestätigung. Vielleicht ist es mit einer anderen Situation vergleichbar: Es gibt Momente, in denen ich meiner eigenen Wahrnehmung nicht traue und leicht abtun will, was mir widerfährt, was ich entdecke oder was ich zu erkennen meine. Aber im Gespräch mit einem anderen, dann wenn ich davon erzählen muss, gewinnt meine Wahrnehmung an Klarheit und wird so zu einer

Erfahrung, die mich auch verändern kann und die mir dadurch bleibt, dass ich sie mit anderen geteilt habe. So erlebe ich das durchaus auch auf meinem persönlichen Glaubensweg: Durch die geteilte Erfahrung entsteht eine Verdichtung im Glauben, die sich dann noch einmal verstärkt in der gemeinsamen Erfahrung der wirklichen Begegnung mit Jesus Christus.

Der christliche Glaube entsteht sozusagen in einem kommunikativen Prozess. Die ganz klassische Darstellung dazu finden wir im Lukas-Evangelium in der Emmaus-Geschichte (vgl. Lk 24,13–35): Am Anfang dieser Begegnung stehen die enttäuschten Erwartungen, die Fragen, das Nicht-Verstehen: Wie sollte ein am Kreuz Getöteter noch eine Quelle der Hoffnung sein können? Und dann machen die Jünger, die unterwegs sind, die Erfahrung, dass ein Unbekannter mitgeht und zuhört und durch Fragen die Situation und das Erlebte in einen neuen Horizont hineinstellt. Und Schritt für Schritt macht dieser Fremde deutlich, dass die Kreuzigung dieses Jesus von Nazaret kein ›vorhersehbarer Störfall‹ ist, den man hätte vermeiden können, sondern die Antwort Gottes auf die reale Not der Welt. Es wird dann klarer, dass alles Leid, alle Sünde, alle Katastrophen der Menschheitsgeschichte nur dann geheilt und in eine Perspektive der Hoffnung hineingehoben werden können, wenn Gott selbst mit seinem vollen Einsatz, seinem grenzenlosen Engagement die Schuld, den Tod, die Angst, das Leiden, die Hoffnungslosigkeiten in sich aufnimmt. Es ist die befreiende Entdeckung: Gott lässt zu, dass alle Mächte des Todes und der Gewalt sich am Kreuz seines Sohnes, also an ihm selbst, austoben dürfen und damit zur Ruhe kommen, in einem kaum vorstellbaren Sinn geheilt werden und zum Schweigen gebracht werden. »Musste nicht der Messias all das erleiden, um so in seine Herrlichkeit zu gelangen?« (Lk 24,26). Ausgerechnet derjenige, der so ahnungslos daherkommt und von ihrem Leid nicht gefangen ist, kann ihren Blick öffnen und eine andere Perspektive anbieten. Und dann, in dem gemeinsamen Mahl eröffnet er noch mehr als eine neue Perspektive: Er schafft eine neue Wirklichkeit. Denn im gemeinsamen Mahl der Stärkung und Sättigung erkennen sie ihn beim Gebet, beim Brechen des Brotes. Sie werden erinnert an das Mahl der Befreiung aus der Sklaverei Ägyptens und an das Mahl kurz vor seiner Kreuzigung. Sie erleben so eine ganz neue Welt, in der wirklich die Mächte des Todes gebrochen sind. Sie können gemeinsam bekennen: Jesus lebt!

Von dieser und ähnlichen Erfahrungen geht dann der Aufbruch weiter hin zur Gemeinschaft der Kirche. Die sogenannten Emmaus-Jünger brechen sofort auf und bringen ihre Erfahrungen ein in die Kirche, die von den Aposteln repräsentiert wird. Mit der Ermutigung von Pfingsten schließlich sprengt diese Veränderung der Wirklichkeit die Grenzen der ersten Zeuginnen und Zeugen und entfaltet eine universale Dynamik. Sie werden ermutigt, nach draußen zu gehen und diese Botschaft weltweit zu verkünden. Es ist wie eine Explosion, die nicht mehr aufgehalten werden kann. Die Zeugnisse der Einzelnen verstärken die Bewegung, denn diese gemeinsame Bewegung wird auch getragen und bestätigt durch die je eigenen Erfahrungen. Gemeinsam wird der Glaube stärker.

Die Grundstruktur des Glaubens bleibt: Ich glaube dir, Jesus Christus. Ich glaube, dass du lebst. Ich glaube dir, dass du der Sohn Gottes bist, das Bild des lebendigen Gottes. Und dann kommt die Entdeckung hinzu, dass dies nicht nur meine eigene, persönliche Überzeugung ist, sondern bestätigt wird durch das Zeugnis der Kirche, der Gemeinschaft der Glaubenden. Und auch umgekehrt: Das Zeugnis der Gemeinschaft ermutigt mich, ganz persönlich den Weg des Glaubens zu suchen und dabei meine eigenen Entdeckungen zu machen. Deswegen gewinnt das »Ich glaube dir« im Bekenntnis »Wir glauben« eine neue Stärke und Glaubwürdigkeit. Eine neue Dynamik entsteht.

Für mich ist dieses Zusammenwirken in gewisser Weise auch entlastend. Denn es geht nicht nur um eine persönliche Glaubensüberzeugung, die ich selbst entwickeln muss. Ich bin nicht nur angewiesen auf meinen ganz individuellen, einsamen Weg der Suche nach dem Glauben, sondern ich kann eine gemeinsame Erfahrung teilen und ›mit-teilen‹, in der sich viele gegenseitig stärken. Der persönliche Glaube geht nämlich durch Höhen und Tiefen hindurch, kennt den Zweifel, die Anfechtung, auch bei mir. Und gerade auf diesen Wegstrecken ist es gut, sich vom Glauben der anderen mittragen zu lassen. Und im Gegenzug andere zu tragen und so dieses Netzwerk des Glaubens tragfähig zu machen.

Dieser gemeinschaftliche, kommunikative Prozess begleitet die Geschichte der Kirche. Immer wieder wird – ausgehend von der Oster-Erfahrung, vom Christus-Ereignis – in der Gemeinschaft des Glaubens darüber nachgedacht, was diese Erfahrung bedeutet und welche Auswirkungen dieses

Ereignis für unser Leben haben kann. Dieser Weg kann nie abgeschlossen werden. Er bleibt ein geistlich kommunikatives, theologisches Entdeckungsgeschehen, das aber nicht immer neu bei null anfängt, sondern auf den Erfahrungen und Zeugnissen aufbaut, die durch die Geschichte hindurch in der Kirche ausgetauscht und festgehalten wurden. Deshalb ist Kirche für mich eben kein Hemmnis oder gar Hindernis zum Glauben, sondern eine Hilfe und sogar Ermöglichung auf dem Weg meines Glaubens.

Eine Schlüssel-Erfahrung war der Weltjugendtag 1997 in Paris, an dem ich als Weihbischof teilgenommen habe. Papst Johannes Paul II. taufte in einer mich beeindruckenden Abendliturgie zehn junge Männer und Frauen aus der ganzen Welt. Der Papst fragte sie, so wie es bei der Erwachsenentaufe vorgesehen ist: »Was erbittest du von der Kirche Gottes?« Und die Taufbewerber antworteten: »Den Glauben.« In dieser Feier wurde mir neu bewusst, dass der Glaube sich nicht reduzieren lässt auf mein persönliches Vorstellungsvermögen, auf meine Glaubenserfahrung, auf das, was ich an Glaubenswissen intellektuell nachvollziehen kann. Vielmehr ist der Glaube auch ein großes Geschenk, das mir durch das Zeugnis der Kirche angeboten wird. Durch all diejenigen, die durch die Geschichte hindurch den Weg des Glaubens gegangen sind, werde ich eingeladen, mitzugehen. Das ist mir an diesem Abend in Paris ganz intensiv und von Neuem deutlich geworden. Und ich habe sehr stark erfahren, wie ich dadurch getröstet werde.

Ich empfinde das auch deshalb als Entlastung, weil es ganz und gar unmöglich wäre, alles Glaubenswissen, alle Sätze des Glaubensbekenntnisses und das gesamte katholische Dogma im eigenen Glauben und auch in eigener denkerischer Leistung in aller Differenziertheit nachvollziehen zu können. Ich bin überzeugt, dass der gegenwärtige Individualismus uns den Weg zum Glauben auch verschließen kann, bei aller positiven Wertschätzung. Nämlich dann, wenn das eigene Ich zum ausschließlichen Ausgangs- und Zielpunkt des Lebens und auch des Glaubens gemacht wird. Wenn es nur noch auf meine persönliche Meinung und Erfahrung ankommt, dann verschließe ich mich einem dialogischen Geschehen, das ein Gegenüber braucht und das andere Erfahrungen und Überzeugungen braucht. Dann wird auch Gott selbst beschränkt auf meinen persönlichen Verstehenshorizont. Dann jedoch wäre Gott nicht Gott, sondern nur noch das, was ich verstehen kann.

Mit dieser Einschränkung jedoch möchte und könnte ich jedenfalls nicht glauben, denn sie wirft mich nur auf mich selbst zurück, macht mich zum Maß der Dinge und verringert meine denkerischen und spirituellen Potenziale. Für mich ist der Glaube das größte Abenteuer des menschlichen Geistes! Und diese Abenteuerreise möchte ich nicht allein unternehmen, so wie ein Einzel-Survival-Training, sondern ich möchte gemeinsam unterwegs sein. Allerdings brauche ich dazu auch Weggefährten, die neugierig bleiben auf (geistige) Abenteuer und die Freude haben an der Suche. Ich schaue aus nach Menschen, die nicht beim ersten Hindernis aufgeben und sich nicht so schnell zufriedengeben mit dem, was scheinbar so eindeutig und klar ist.

Zwei Erfahrungen möchte ich zur Bekräftigung anfügen. Beide haben ihren Ort in Rom. Nach dem Weltjugendtag in Rom im Jahr 2000 mache ich noch einen ganz persönlichen Pilgerweg zum Petersdom. Am frühen Morgen breche ich auf und betrete von der Via della Conciliazione her den Petersplatz. Meine Gedanken sind eher schwer und unruhig. Ich spüre die Last meiner Verantwortung als Bischof und sehe, wie schwach mein Glaube manchmal ist. Und dann schaue ich auf und sehe die Kolonnaden, die mich empfangen, und die vielen Gestalten der Heiligen, die mich sozusagen grüßen. Und mir wird unmittelbar bewusst: Nicht *du* trägst die Kirche, die Kirche trägt *dich*. Du bist umfangen vom Glauben der Kirche, der vielen Zeuginnen und Zeugen, die mit dir gehen. Selten habe ich eine solche innere Stärkung und Ermutigung erfahren.

Die zweite römische Erfahrung liegt erst kurze Zeit zurück. Es war das Konklave, aus dem Papst Franziskus als Nachfolger des hl. Petrus hervorging. Der Austausch der Kardinäle im Vor-Konklave über den rechten Weg der Kirche in die Zukunft und dann der Wahlakt selbst waren für mich eine große Stärkung im Glauben. Ich gehe nicht allein. Wir sind gemeinsam unterwegs. Und der Herr geht mit.

Seit einigen Jahren habe ich für mich ein Bild entwickelt: Der Glaube ist für mich wie der Eintritt in einen wunderbaren, reizvollen, großen Garten, dessen Dimensionen ich nicht überschauen kann. Dieser Garten ist alt und hat eine Geschichte. Ich werde wohl nicht in alle Ecken und Felder dieses Gartens gelangen und nicht alles, was hier blüht und wächst und gedeiht und vergeht, intensiv erfassen können. Aber es gibt schon einige Wege und Wegmarken. Diese Wege hat das Volk Gottes eingespurt im Lauf der Geschichte und sie zeigen sich im Glaubensbekenntnis, in den lehramtlichen Aussagen und im Zeugnis der vielen Christen, besonders der Heiligen. Manches in diesem Garten spricht mich unmittelbar an. Anderes bleibt mir fremd. Aber alles zusammen übt eine große Faszination aus.

Das Bild mag ein wenig gewagt sein, aber mir hilft es: Gott selbst führt sein Volk durch die Geschichte wie durch diesen großen Garten, den wir nicht selbst angelegt haben, der uns aber ermöglicht, immer neue Entdeckungen und Erfahrungen zu machen, die sich im Zeugnis der Kirche verdichten. Es mag sich das eine oder andere Gewächs auch als Unkraut herausstellen, aber es bleibt doch die Schönheit und die Faszination, die von der Fülle des Lebens in diesem Garten ausgeht.

Dieser Garten des Glaubens ist auch mein Garten, in dem ich meinen Weg gehe und meine Spuren hinterlasse. Es kommt vor, dass ich in diesem Garten Pflanzen entdecke, die ich nicht sofort schön finde oder die mir völlig fremd erscheinen. Aber wie käme ich auf den Gedanken, diese Blumen auszureißen, weil sie mir im Augenblick nicht gefallen? Im Vertrauen auf den Gartenarchitekten gehe ich davon aus, dass sich mir der Sinn noch erschließen kann, wenn ich weitergehe und neue Entdeckungen mache. Vielleicht erkenne ich erst in anderen Lebenserfahrungen, dass und warum es etwa Engel gibt und warum es wunderbar ist, dass es sie gibt, oder was zum Beispiel Jungfrauengeburt und Auferstehung der Toten wirklich bedeuten, welche gute Botschaft von Gott darin enthalten ist. Das kann auch für die anderen Glaubenswahrheiten gelten. Wenn ich den großen Garten des Glaubens allein bestellen und gestalten müsste, käme ich vermutlich an kein Ende und ich würde vieles auch nicht entdecken und wüsste mit manchen Pflanzen nicht umzugehen. Meine Vernunft, all mein Können und auch meine Lebenszeit würden niemals ausreichen.

Deshalb bin ich fest überzeugt: Glauben kann man nicht allein. Glauben ist ein gemeinsames Abenteuer. Es ist ein Abenteuer, das sich lebenspraktisch bewähren, das sozusagen den Praxistest des Lebens bestehen muss. Aber dazu braucht es eben das Tun des Glaubens und nicht nur das theoretische Nachdenken über den Glauben: Nicht *über* Gott reden, sondern *mit* ihm reden. Nicht *über* die Kirche reden, sondern *mit* ihr leben. Dann kann sich hoffentlich die Erfahrung einstellen, dass dieser Weg sich in der Theorie und in der Praxis bewährt, dass der gemeinsame Weg im Glauben dem erfüllten Leben dient.

In einer solchen Zugangsweise kann ich auch die Dunkelheiten und Verborgenheiten Gottes akzeptieren. Zum Glaubensweg gehört auch auszuhalten, wenn Gott sich scheinbar entzieht und nur noch die Treue zum einmal gegebenen Wort da ist. Vertrauen ist dann alles, was ich habe. Ich merke in diesen Momenten, dass ich auf Gott keinen Anspruch habe. Gerade dann kann ich in der Gemeinschaft des Glaubens immer neu um die Stärkung meines Glaubens bitten und dabei erfahren, dass der Glaube vor allem ein Geschenk ist und immer wieder einen neuen Aufbruch erfordert. Dann tröstet mich das Wort Jesu: »Wenn euer Glaube nur so groß wäre wie ein Senfkorn, würdet ihr zu dem Maulbeerbaum hier sagen: Heb dich samt deinen Wurzeln aus dem Boden und verpflanz dich ins Meer!, und er würde euch gehorchen« (Lk 17,6).

Immer wieder erfahren Menschen auch die Not des Glaubens und des Betens, aber eben auch den großen Segen. Durch alle Gefährdungen des Glaubens hindurch rufe ich dann mit dem Volk Gottes: Herr, stärke unseren Glauben! (vgl. Lk 17,5).

Jedenfalls bin ich in den Jahren, in denen ich auf dem Glaubensweg unterwegs bin, immer mehr zu der Überzeugung gelangt, dass der Glaube nicht mein Eigentum und mein Werk ist und insofern die Rede von ›meinem Glauben‹ zumindest nicht hinreichend den Glauben beschreibt, dem ich treu bleiben möchte. Der Weg vom ›Ich glaube‹ zum ›Wir glauben‹ ist für mich deshalb notwendig und stärkend.

Die beiden Glaubensbekenntnisse der Kirche, das Apostolische Glaubensbekenntnis und das Große Glaubensbekenntnis, fangen unterschiedlich an und ergänzen sich damit in einer bestimmten Hinsicht. Das Apostolische Glaubensbekenntnis beginnt mit den Worten »Ich glaube«, das Große Glaubensbekenntnis hingegen fängt an mit den Worten »Wir glauben«. Das Apostolische Glaubensbekenntnis ist im Grunde ein Taufbekenntnis, mit dem jeder Einzelne für sich immer wieder neu seinen Glauben bekennt, sein ›Amen‹ setzt unter den Kanon des christlichen Glaubens. Das Große Glaubensbekenntnis, das über Jahrhunderte diskutiert und Wort für Wort von der Kirche regelrecht für sich selbst errungen wurde, in dem hinter jedem einzelnen Wort tief gehende theologische Überlegungen stecken, ist stärker eine Art Vergewisserung des Glaubens. In ihm vergewissert sich die Gemeinschaft ihres Glaubens, der eben nicht von einem Einzelnen für alle festgelegt wurde, sondern der im Miteinander entstanden ist. Deshalb kann man eigentlich sagen, dass sich das notwendige Zueinander von ›Ich‹ und ›Wir‹ in der Geschichte und in der Gegenwart der Kirche auch an diesen beiden Credo-Anfängen erkennen lässt.

4
Gute Gründe zum Glauben

Es scheint so, als ob es viele Gründe gäbe, nicht zu glauben. Zumindest werden in den öffentlichen Debatten viele Gründe dafür genannt. Kirchen- und Religionskritik und ein kämpferischer Atheismus versuchen, den Glauben zu diskreditieren. Haben sie vielleicht recht? Ist es unvernünftig, zu glauben? Ist Glauben vormodern?

Das gesamte Pontifikat Papst Benedikt XVI. (2005–2013) folgte besonders auch einer Leitidee: Glaube und Vernunft zusammenzuhalten und neu zu verdeutlichen, dass sie gut miteinander zu vereinbaren sind, einander sogar brauchen. Daran wird deutlich, wie sehr Benedikt XVI. diese Anfragen wahrgenommen und ernst genommen hat. Er wollte durch seine Verkündigung und seine Bücher aufzeigen: Glaube und glauben ist nicht unvernünftig. Damit steht er auch in der Linie seines Vorgängers Johannes Paul II., der vor allem in der Enzyklika *Fides et ratio*[11] aufgezeigt hat, wie Glaube und Vernunft sich gegenseitig bereichern. Und auch für Papst Franziskus ist diese Frage entscheidend, wenn es etwa in *Lumen fidei* heißt:

Die Begegnung der Botschaft des Evangeliums mit dem philosophischen Denken der Antike […] begünstigte eine fruchtbare Wechselbeziehung zwischen Glaube und Vernunft, die sich im Laufe der Jahrhunderte weiter entfaltete bis herauf in unsere Tage.[12]

Es geht nicht um Beweise, sondern um Gründe. Das Wort Beweis erinnert zu sehr an ein empirisches Experiment. Das Wort von den ›Gottesbeweisen‹ ist deshalb heute missverständlich. Aber es gibt gute, vernünftige Gründe zum Glauben. Und dies ist durchaus eine wissenschaftliche Zugangsweise, die ich auch im Studium der Philosophie gelernt habe: Wissenschaft ist ja keine Ansammlung von Beweisen, sondern Wissenschaft ist begründetes Wissen. Sonst wären nicht nur die Theologie, sondern weite Bereiche der Geisteswissenschaften aus dem Wissenschaftskanon ausgeschlossen. Das zum großen Teil vorherrschende Bild der Wissenschaft lehnt sich an die Denk- und Arbeitsweise der

Naturwissenschaften an, deren Methodik das Experiment und die empirische Erfassung ist. Das aber führt zu einem verengten Bild, als sei wirkliches Wissen nur zu erlangen mit diesen naturwissenschaftlichen Methoden. Das wäre jedoch eine Verarmung des Wissens und eine Reduzierung des menschlichen Geistes.

Aber der Glaube muss sich vor der Vernunft verantworten, er muss von ihr befragt werden können. Und insofern muss der Glaube auch den Zweifel zulassen. Es kann ein Hindernis sein, wenn der Glaube im Pathos der Selbstsicherheit und Selbstgerechtigkeit auftritt und damit, wie es Benedikt XVI. immer wieder gesagt hat, auch pathologisch werden kann. Der Glaube wird dann zur Ideologie. Oder es kommt zu einem ›theologischen Narzissmus‹, wie es Kardinal Mario Jorge Bergoglio, unser heutiger Papst Franziskus, im Vor-Konklave gesagt hat. Ein ideologischer Glaube ist unfähig zum Dialog und lässt kritische Fragen nicht zu. Der Glaube darf sich den Anfragen nicht entziehen. Und umgekehrt: Eine Vernunft, die den Gottesgedanken zum Tabu erklärt und aus allem Denken und Wissen verbannen will, versagt sich Möglichkeiten, verengt sich und kann ebenso zur Ideologie werden.

Der christliche Glaube hat das Miteinander von Glaube und Vernunft immer stark gemacht. Und nur in diesem Miteinander wird der Glaube in einer offenen Gesellschaft, in der diskutiert, gefragt, kritisiert und gesucht wird, seinen Platz nicht nur halten, sondern überzeugend leben können. Ja, es gibt gute Gründe zu glauben, den Glauben neu zu entdecken und daran festzuhalten. Zumindest gibt es in einer freien Gesellschaft gute Gründe, den Platz für den Glauben nicht nur zu dulden, sondern ohne jeden Zwang diesen Platz für den Glauben bereitzuhalten und zu begrüßen, dass der Glaube in der Gesellschaft präsent ist und gelebt wird.

Ich möchte hier ein Beispiel aus der politischen Debatte anführen: In den Diskussionen um den Entwurf einer europäischen Verfassung habe ich mit Blick auf die Präambel betont, es sei gar nicht so wichtig, dass Gott in der Präambel sozusagen angerufen wird. Wichtiger wäre es, wenn in der Verfassung der Europäischen Gemeinschaft stände: »Wir sind nicht Gott!« Dadurch wird niemand in einen Glauben hineingezwungen und doch wird deutlich, dass der Mensch eine Grenze hat, die nicht ohne schwerwiegende Folgen für die ganze Gesellschaft überschritten werden darf. Das wird durch das Bekenntnis unterstrichen, dass es Schöpfer und Geschöpf gibt. Wo dieser Unterschied aufgegeben oder relativiert wird, sind Freiheit und Demokratie gefährdet. Auf diese Gefahr hat auch Jürgen Habermas hingewiesen im Blick auf die neuen Möglichkeiten der sogenannten Lebenswissenschaften:

Gott bleibt nur so lange ein ›Gott freier Menschen‹, wie wir die absolute Differenz zwischen Schöpfer und Geschöpf nicht einebnen. Nur so lange bedeutet nämlich die göttliche Formgebung keine Determinierung, die der Selbstbestimmung des Menschen in den Arm fällt.[13]

Und Habermas fragt abschließend:

Müsste nicht der erste Mensch, der einen anderen Menschen nach eigenem Belieben *in seinem natürlichen Sosein festlegt, auch jene gleichen Freiheiten zerstören, die unter Ebenbürtigen bestehen, um deren Verschiedenheit zu sichern?*[14]

Die Gottebenbildlichkeit des Geschöpfes hebt den Unterschied gerade nicht auf, sondern wahrt ihn, allerdings in einem spannungsvollen Zueinander.

Gerade so, wie es Michelangelo in der ›Erschaffung des Adam‹ im Deckengemälde der Sixtinischen Kapelle meisterlich dargestellt hat: Der letzte Spalt zwischen Gott und Mensch kann um des Menschen willen nicht überbrückt werden. Wenn sich aber der Mensch selbst zum Schöpfer des anderen Menschen macht, andere zu Geschöpfen nach dem eigenen Bild, nach der eigenen Vorstellung gemacht werden, wird die gleiche Würde aller Menschen zerstört und damit die Grundlage unseres Zusammenlebens.

Wir sind aber nicht geschaffen von Menschen nach ihrem Bild, sondern von Gott nach seinem Bild, einmalig und unwiederholbar. Wenn das Bekenntnis zur Gottebenbildlichkeit des Menschen schwindet, wie wird dann die Würde des Menschen begründet? Artikel 1.1 des Grundgesetzes sagt: »Die Würde des Menschen ist unantastbar. Sie zu achten und zu schützen ist Verpflichtung aller staatlichen Gewalt.« Sie beruht letztlich auf dem biblischen Gottes- und Menschenbild, so wie es Paul Kirchhof immer wieder betont. Er tritt ein für ein »Gesellschaftsverständnis, nach dem jeder Mensch die gleiche Würde, damit die gleiche Freiheit hat, sich dann in der Wahrnehmung der Freiheit unterscheidet. Wir können nur differenzieren, wenn wir

Werte haben, und Freiheit nur gewähren, wenn Maßstäbe uns sagen, dass jeder Mensch sich vom anderen unterscheiden darf.«[15]

Dass alle Menschen verschieden sind, hebt keinesfalls die gleiche Würde aller Menschen auf.

Mit guten Gründen kann man sagen, dass der Glaube zur »Verteidigung des Menschen« (Jan Roß) beiträgt[16] und gerade die biblische und christliche Sicht von Gott, Mensch und Gesellschaft wesentlich zur Entwicklung von Freiheit und Menschenwürde beigetragen hat. Mit guten Gründen setzt der Glaube Grenzen, um die Freiheit des Menschen zu schützen, auch wenn es unbezweifelbar in der Geschichte des Christentums auch gegenläufige Tendenzen und Verirrungen gab. Aber es ist für mich offensichtlich, dass die Botschaft des Glaubens revolutionär ist, auch wenn sowohl innerkirchlich als auch außerkirchlich diese revolutionäre Kraft immer wieder domestiziert wurde. Doch das ist bis heute niemandem wirklich gelungen. Für mich ist jedenfalls die Überzeugung der Bibel, dass alle Menschen nach dem Bild Gottes geschaffen und deshalb gleich an Würde sind, die revolutionärste Botschaft, die jemals auf dieser Erde verkündet wurde. Und diese Revolution ist noch lange nicht zu Ende.

Die biblischen Texte von der Erschaffung des Menschen als Mann und Frau, als Abbild Gottes (vgl. Gen 1,27) sind tatsächlich von umstürzender Kraft und haben Konsequenzen bis heute. Jeder einzelne Mensch ist nach dem Abbild des einen Gottes geschaffen. Und von daher gilt: Wir gehören über alle Grenzen hinweg zu einer Menschheitsfamilie, wir sind alle Brüder und Schwestern, wir haben die gleiche Würde. Wir sind Wesen, die Verantwortung übernehmen können, weil wir frei sind. Und dann entdecke ich: Mein Glaube an Gott ist nicht unvernünftig, sondern Grundlage von Freiheit und Würde des Menschen, eine positive Verstärkung meiner Denk- und Lebensmöglichkeiten.

Und auch die grundsätzliche Verbindung von Gottes- und Nächstenliebe, die sich immer wieder in gesellschaftlicher Gestaltung erwiesen hat, ist ein weiterer guter Grund zum Glauben. Der Blick auf den Mitmenschen wird ein anderer, wenn ich weiß, dass wir alle letztlich Kinder des einen Vaters sind, miteinander verbunden, verantwortlich füreinander und vor Gott. Der Glaube gibt für eine solche Lebensperspektive gute Gründe, ja diese Lebensweise erweist sich im Tun als richtig und lebensdienlich.

Der Glaube setzt auch dem Staat Grenzen und ist ein Korrektiv gegen jeden Totalitarismus, ein Schutz der Freiheit. Gerade das Christentum hat in seiner abendländischen Geschichte dem Staat Grenzen gesetzt und so einen wesentlichen Beitrag zur Freiheitsgeschichte geleistet. Die ›päpstliche Revolution‹[17] bedeutete ja, dem Kaiser den Schritt auf eine Herrschaft auch über die Kirche, den Glauben und damit letztlich das Gewissen zu verbieten. »Es galt, alle Kräfte und Mittel der menschlichen Natur und Vernunft zu entwickeln, um auf die Verwirklichung der ethischen und eschatologischen Ideale der Bibel hinzuarbeiten«, so beschreibt es Philipp Nemo in seinem Buch *Was ist der Westen?*[18]. Es gehört für mich zu den traurigen Erkenntnissen, dass die Kirche selbst nicht immer in diesem Sinn – ganz biblisch begründet – Protagonistin der Freiheit und der Menschenwürde gewesen ist, aber die starke Kraft der Botschaft des Glaubens hat sich immer wieder durchgesetzt. Insofern ist es äußerst nachvollziehbar, wenn Heinrich August Winkler seine große Geschichte des Westens mit dem programmatischen Satz beginnt: »Am Anfang war ein Glaube: der Glaube an *einen* Gott.«[19]

Der stärkste Angriff auf den Glauben ist verbunden mit dem Blick auf das große Leiden in der

Geschichte der Menschheit. Wie an Gott glauben angesichts von Krieg, Gewalt und Tod? Aber ist es nicht eher umgekehrt? Wie nicht an ihn glauben? Ruft nicht auch gerade die Vernunft nach Gerechtigkeit? Ist es wirklich vernünftig zu behaupten, für die vielen Opfer der Geschichte, für die vielen Leidenden, für die Millionen Toten gäbe es keine Gerechtigkeit, also sei ihr Sterben sinnlos? Auch darauf hat übrigens Jürgen Habermas hingewiesen:

Als sich Sünde in Schuld, das Vergehen gegen göttliche Gebote in den Verstoß gegen menschliche Gesetze verwandelte, ging etwas verloren. Denn mit dem Wunsch nach Verzeihung verbindet sich immer noch der unsentimentale Wunsch, das anderen zugefügte Leid ungeschehen zu machen. Erst recht beunruhigt uns die Irreversibilität vergangenen *Leidens – jenes Unrecht an den unschuldig Misshandelten, Entwürdigten und Ermordeten, das über jedes Maß menschenmöglicher Wiedergutmachung hinausgeht. Die verlorene Hoffnung auf Resurrektion hinterlässt eine spürbare Leere.*[20]

All das sind selbstredend keine Beweise. Den ›Gottesbeweis‹ kann ich nicht erbringen. Der Glaube bleibt ein freier Akt, ein Wagnis, aber es gibt gute

Gründe zu glauben. Die These, Glaube sei überholt und mit der Vernunft unvereinbar, lässt sich aus meiner Sicht nicht halten. Der Schritt auf den Glauben zu hat sehr gute Gründe, er hilft auch zum Verstehen, öffnet das Denken und ist »heute wie damals die Option für die Priorität der Vernunft und des Vernünftigen«[21].

Die Rede über die Krise des Glaubens ist uns seit Jahrzehnten vertraut. Manche sprechen von einer Kirchenkrise, andere von einer Gotteskrise. Für mich hängen Kirchenkrise und Gotteskrise zusammen. Denn es geht ja nicht um eine Krise Gottes selbst, sondern um eine Krise unserer Rede von Gott, unseres Bekenntnisses zu Gott. Es geht um die Art und Weise unseres Glaubenszeugnisses, unserer kirchlichen Vollzüge, die auf Gott ausgerichtet sind, um die Art und Weise unseres Gebetes, unserer Liturgie. Im Letzten geht es um die Frage, ob Gott existiert, und darum, ob er uns findet und ob es Wege zu ihm gibt. Was bedeutet es, dass vielen Menschen das Geheimnis Gottes verborgen bleibt, ja dass auch gläubige Menschen unter der Erfahrung der Abwesenheit Gottes leiden? Spiegelt sich diese Suche, dieses Fragen in unserer Verkündigung und auch in unseren sakramentalen Vollzügen, in unserem Gebet wider? Nehmen wir das absolute Geheimnis Gottes wirklich wahr, halten wir sein Anderssein aus? Kann es sein, dass ein Teil der Krise unseres kirchlichen Lebens auch darin besteht, dass unsere Rede von Gott und unsere Rede zu Gott manchmal zu selbstsicher, zu verharmlosend, zu kitschig, zu banal, zu kleinkariert, zu sentimental und gedanklich anspruchslos war und ist? Ich will damit die Diskussion um Strukturen und Reformen im konkreten kirchlichen Leben nicht beiseiteschieben, aber zentral ist und bleibt für mich die Frage nach Gott, die Suche nach dem Geheimnis, das größer ist als alles, was wir denken und aussprechen können. Dass dieses Geheimnis sichtbar und berührbar geworden ist in Jesus Christus, ist unsere einzige Hoffnung. Aber es macht den Weg nicht weniger anspruchsvoll und herausfordernd, den Weg in die Begegnung mit dem immer größeren Gott.

In seinem bemerkenswerten Buch *Geduld mit Gott*[22] hat der Priester und Philosoph Tomáš Halík Betrachtungen und Überlegungen vorgestellt, wie Kirche in einer Zeit der Gottesferne und Gotteskrise sprechen und handeln kann. Er verweigert sich einer Glaubensverkündigung, die in gewisser Weise oberflächlich und naiv feste Wahrheiten behauptet in einer Weise, die Suchen und Fragen nicht mehr zulässt. Er wendet sich gegen ein solches anspruchsloses Glaubenszeugnis und damit gegen eine Kirche, die nur Antworten kennt, aber keine Fragen mehr hat. Aber eine Kirche, die zu banal, zu selbstgewiss und zu sicher von Gott spricht, wird den Menschen von heute langfristig und nachhaltig keine Zugänge eröffnen, sie wird die Herzen der Suchenden nicht erreichen. Von Gott zu reden ist immer nur möglich in der Weise der Demut und im Geist der Anbetung.

Im Abschnitt über das Gebet heißt es in der Bergpredigt: »Bittet, dann wird euch gegeben; sucht, dann werdet ihr finden; klopft an, dann wird euch geöffnet« (Mt 7,7). Es geht darum, Geduld mit Gott zu haben und nicht ihm gegenüber als Wissende und Fordernde aufzutreten, nicht mit der Tür ins Haus zu fallen, sondern anzuklopfen, Gottes Zeitmaß und sein Anderssein zu respektieren. Dann können wir als Kirche auch Menschen Hilfe und Wege eröffnen zum Mitgehen. Dann lädt unser Gebet als Suchbewegung ein, das größte Abenteuer des menschlichen Geistes zu wagen. Deshalb müssen diese drei Aufforderungen Jesu betont und auch ausgehalten werden: Bittet! Sucht! Klopft an! Und, so muss man hinzufügen: Habt Geduld! Wartet! Seid vorsichtig mit zu schnellen Behauptungen und Sicherheiten! Bleibt auf der Suche! Ich meine, dass das persönliche Gebet und auch das Gebet der Kirche insgesamt diesen Wegcharakter des Glaubens aufnehmen müssten, immer wieder neu.

5
Glaube!

Ich glaube, dass Jesus Christus mein Heil, meine Rettung, mein Weg zu Gott ist. Wenn ich das so sage, dann ist das nicht meine Leistung, nichts, was ich mir durch Können erworben habe. Dieser Glaube ist vielmehr als Erstes ein Geschenk. Die Theologen nennen es Gnade. Der Begriff Gnade will sagen: Ich habe es nicht verdient und keinen Anspruch darauf, dass Gott selbst sich mir zuwendet und so Glauben möglich macht.

Dass der Glaube Geschenk und Gnade ist, meint jedoch nicht, dass wir gar nichts tun können, um zum Glauben zu kommen. Denn genauso wie bei anderen Geschenken auch, darf man darum bitten. Und man kann sich selbst um den Zugang zum Glauben bemühen. Das geht allerdings nicht ohne Engagement und Einsatz.

Ich sehe hier eine große Vergleichbarkeit zur Liebe: Es ist ein großes Geschenk, geliebt zu werden und einen anderen Menschen zu lieben. Auch darauf haben wir keinen Anspruch. Aber auch dafür können wir etwas tun. Und ebenso wie beim Glauben lässt sich das nur ungefähr beschreiben. Es geht jedoch ganz grundlegend um eine Haltung, um die Haltung der Offenheit, der Sehnsucht, des Verlangens.

Immer wieder denke ich an das Buch des Psychologen und Philosophen Erich Fromm *Die Kunst des Liebens*[23], das mich in meiner Studentenzeit sehr beeindruckt hat. Für Fromm ist auch die Liebe zu Gott eine Kunst, die es zu erlernen gilt, vergleichbar der Liebe zu den Menschen.[24] Fromm macht deutlich, dass wir bei allen Fähigkeiten, die wir erwerben wollen, sehr viel Mühe aufwenden, etwa wenn wir eine Sprache lernen, eine Sportart beherrschen wollen, Klavier spielen möchten. Nur im wichtigsten Feld des menschlichen Lebens und Zusammenlebens, in der Liebe, meinen wir, es bedürfe nicht unserer Anstrengung, sondern die Liebe sei ein Gefühl, das eben kommt und geht. Aber, so sagt es Erich Fromm:

»Die Meisterschaft in dieser Kunst muss uns mehr als alles andere am Herzen liegen; nichts auf der Welt darf uns wichtiger sein als diese Kunst. Das gilt für

die Musik, wie für die Medizin und die Tischlerei – und auch für die Liebe.«[25]

Um diese Kunst meisterhaft zu erlangen, muss jeder »in jeder Phase seines Lebens Disziplin, Konzentration und Geduld praktisch üben«[26]. Das sind die wichtigen und notwendigen Voraussetzungen.

Und so ist es auch mit dem Glauben. Die Erfahrung des Glaubens selbst bleibt ein Geschenk, eine Gnade, aber der Weg dorthin, das Suchen, das Gebet, das treue Mitgehen, das Aushalten der Verborgenheiten Gottes und der zweifelnden Phasen des Lebens, all das hängt auch von uns selbst ab, von unserer Einstellung und unserem Willen. Die Liebe und der Glaube sind eng verbunden mit der Treue.

Auch in meinem Leben habe ich das immer wieder erfahren. Jeder, auch ein Bischof, erlebt Anfechtungen, Zweifel und Phasen, in denen sich Gott scheinbar verbirgt. Ich kann mich an eine schwierige Zeit erinnern im Jahr 2010, inmitten der Diskussionen um Missbrauch in der katholischen Kirche. Das hat mich persönlich sehr betroffen gemacht, und da war ich schon auch in hilflosen Situationen. Ich kann mich an einen Abend erinnern, an dem ich wirklich nicht mehr wusste, was in unserer Kirche los ist. Und ich wusste auch nicht mehr, was ich zu Gott sagen sollte. An diesem Abend habe ich im Gebet wirklich nur noch gerufen: Jesus von Nazaret! Mir war nichts anderes geblieben als dieser Name, und diesen einen Namen habe ich in die Nacht gerufen: Jesus von Nazaret. So schmerzlich das war, ist es dennoch das, was uns im Grunde immer wieder hilft, den Glauben als lebensbefreiende Kraft zu erfahren. Es sind die Hände Gottes, die uns in Jesus ergreifen, auch dann wenn manchmal unsere Zweifel, unsere Ängste und unsere Sorgen übergroß sind.

Jedem gilt die Einladung Jesu: »Hab keine Angst, glaube nur« (vgl. etwa Mt 9,22). Immer wieder sagt Jesus das so und ähnlich bei seinen Begegnungen mit den Menschen. Es sind Menschen, die Not empfinden, die Angst haben, die sich sorgen, die krank sind, die zweifeln. Und Jesus tröstet und ermutigt sie, indem er sie beim Namen nennt und sie auffordert, auf sein Wort hin den Schritt zu wagen zum Glauben. Das scheint und ist auch in gewisser Weise einfach, aber es ist anspruchsvoll im Blick auf die Konsequenzen. Denn manchmal steckt in uns die Angst vor dem Glauben und den Folgen, die es hätte, wenn ich glaube, wenn mir der Glaube geschenkt wird und ich diesen Glauben wirklich wage. Denn dann kann ich nicht weiterleben wie bisher. Das ahnen wir, und darin liegt ja auch die Sprengkraft des Glaubens, die mich in eine von Grund auf neue Lebensperspektive hineinführt.

Der Glaube ist ja nicht bloß das Für-wahr-Halten einiger Sätze, sondern Glauben bedeutet neues Leben, Licht, Liebe, Begegnung, wie es Blaise Pascal (1623–1662, Mathematiker und Philosoph) in seinem berühmten *Mémorial* notiert hat:

Montag, 23. November [1654]. […] Seit ungefähr halb elf Uhr abends bis ungefähr eine halbe Stunde nach Mitternacht. Feuer. Der Gott Abrahams, der Gott Isaaks und der Gott Jakobs, nicht der Philosophen und Gelehrten. Gewissheit, Gewissheit, Empfinden, Freude, Frieden. Der Gott Jesu Christi. […] Größe der menschlichen Seele. Gerechter Vater, die Welt kennt dich nicht; ich aber kenne dich. Freude, Freude, Freude, Freudentränen. […] Möge ich niemals von ihm getrennt sein.

Man fand diesen Gedenkzettel nach seinem Tod in seiner Kleidung eingenäht und deutet ihn als Erinnerung an den Tag seiner Bekehrung, seines Durchbruchs zum Glauben.

Alles verändert sich durch den Glauben, so wie sich alles verändert durch die Liebe. Im Glauben entdecke ich eine neue Freiheit des Denkens und des Lebens. Diese Freiheit ist aber keine Bindungslosigkeit. So wie der Satz »Ich liebe dich« zu den intimsten und stärksten Sätzen des Lebens gehört und auch Ausdruck meiner Freiheit ist, so ist dieser Satz doch zugleich mit einer intensiven Bindung verbunden, sogar mit der stärksten Bindung, die auf Erden möglich ist. Und so ist es auch im Glauben. Wenn ich zu Jesus Christus sage »Ich glaube Dir«, dann verändert das meine Lebensperspektive. Das Leben bekommt dadurch eine neue Qualität, es wird anspruchsvoller und herausfordernder. Ich weiß, dass ich getragen bin. Ich erkenne, wie ich das wirkliche Glück finden kann. Ich sehe den Weg in das Geheimnis Gottes, den ich gehen kann. In dieser Beziehung hat mein Leben einen Orientierungspunkt und ich finde eine Gemeinschaft, die mit mir glaubt. Diese Bindung nimmt mir nichts weg, sie öffnet mich und gibt Leben. So wie die Liebe zu einem Menschen Lebensmöglichkeiten nicht beschneidet, sondern intensiviert. Wer sich alles offenhält, findet nicht Freiheit, sondern Beliebigkeit. Das meint Jesus wohl mit dem Bild vom ›engen Tor‹ (vgl. Mt 7,13 f.). Denn mit Menschen, die sich alle Optionen offenhalten, die sich nicht binden, wollen wir eigentlich nicht gern zu tun haben, weil man sich auf Unverbindlichkeit nicht wirklich einlassen kann. Und ich selbst möchte auch nicht so sein.

Für mich persönlich ist der Schritt auf den Glauben zu und der Glaube selbst wie das Entdecken einer ›zweiten Naivität‹, die durch den Weg des Fragens und Zweifelns hindurchgegangen ist und sich nun in großer Bereitschaft und Freiheit hingeben kann. Ich vertraue mich dem an, »der mich geliebt und sich für mich hingegeben hat« (Gal 2,20). In diesem Sinn ist Jesus zu verstehen, wenn er sagt: »Wenn ihr nicht umkehrt und wie die Kinder werdet, könnt ihr nicht in das Himmelreich kommen« (Mt 18,3). Da spüre ich: Es gibt nicht nur Gründe des Verstandes, es gibt auch Gründe des Herzens, zu glauben. Das erinnert mich an Blaise Pascal, der sinngemäß gesagt hat: Das Herz hat Einsichten, die die Vernunft nicht kennt.[27] Zum Glauben gehören auch Mut und die Bereitschaft zur Hingabe. Es braucht die Offenheit, die Konsequenzen dafür zu übernehmen, was sich daraus ergibt, wenn ich es wage zu glauben.

Dieser Gedanke des einfachen, schlichten Glaubens, der ein positives Wagnis ist im Blick auf eine Person, die mich liebt, ist mir sehr wichtig. Und deshalb habe ich auf meinem Bischofsstab die

Szene darstellen lassen, die der Evangelist Matthäus erzählt: Jesus begegnet den Jüngern in einem nächtlichen Sturm auf dem See Gennesaret (vgl. Mt 14,22–33). Die Jünger sitzen im Boot, als Jesus ihnen über den See entgegenkommt. Sie erschrecken und haben Angst, weil sie ihn für ein Gespenst halten. Aber Jesus ruft ihnen zu: »Habt Vertrauen, ich bin es; fürchtet euch nicht.« Und Petrus sagt darauf zu ihm: »Herr, wenn du es bist, so befiehl, dass ich auf dem Wasser zu dir komme.« Das ist eine Art ›Testfall des Glaubens‹. Es geht hier um die Grundfrage des Vertrauens: Kann ich ihm, Jesus, glauben? Jesus antwortet Petrus einfach nur mit dem Wort: »Komm!« Und Petrus steigt aus dem Boot auf das Wasser und das Wasser trägt ihn – bis er anfängt zu zweifeln. Der Unglaube und die Angst werden stärker und Petrus sinkt ins Wasser. Er droht unterzugehen und schreit um Hilfe. Und Jesus greift seine Hände und sagt zu Petrus: »Du Kleingläubiger, warum hast du gezweifelt?« Genau dieser Moment ist auf meinem Bischofsstab zu sehen.

Wenn ich mich also auf meinen Bischofsstab stütze, dann stütze ich mich im übertragenen Sinne gerade nicht auf einen stolzen, erhabenen, unerschrockenen Glauben, sondern auf den schwachen Glauben, den ›Senfkornglauben‹ (vgl. Lk 17,5–6), wie ihn Jesus an anderer Stelle nennt, einen Glauben, der den Zweifel kennt. Und wenn ich mit meinem Bischofsstab in eine Kirche einziehe, dann ermutigt mich das jedes Mal neu, den Glauben zu wagen – bei allem Zweifel, bei allen Fragen, bei aller Angst. Ich höre die Worte Jesu und darf mich wie ein Kind ihm anvertrauen.

Der kleine Glaube, der Zweifel, ja sogar der Unglaube gehört zum Leben des Christen dazu, auch zu meinem Glaubensleben. Aber soll ich deshalb ganz vom Glauben lassen und mich ganz von dieser anziehenden Möglichkeit, von diesem großen Abenteuer des Geistes verabschieden? Nein, im Gegenteil! Die immer neue Begegnung mit ihm, dem auferstandenen Herrn in der großen Gemeinschaft des Volkes Gottes, ist für mich eine wirklich alternativlose Lebenserweiterung.

Ich bin überzeugt, dass diese Hände Jesu von Nazaret uns gerade dann ergreifen, wenn unser Unglaube, unser kleiner Glaube, so stark wird, dass wir scheinbar untergehen. »Hab keine Angst, glaube!«

Dank

Man kann nicht allein glauben. Das habe ich versucht darzustellen. Und so sind auch meine Überlegungen zum Glauben nicht in der Einsamkeit entstanden, sondern im Austausch mit anderen, die auch auf dem Weg des Glaubens sind, und auch gerade mit jenen, denen es schwerfällt, zu glauben. Deshalb danke ich allen, die mir als Bischof anvertraut sind und denen ich bei ungezählten Gottesdiensten von meinem Glauben Zeugnis geben konnte – und die nach dem Grund meines Glaubens und meiner Hoffnung fragen. Sei es in den vielen Predigten, in Katechesen, in Begegnungen mit Firmlingen, Eheleuten, Kranken und Sterbenden. Sei es bei Vorträgen und Diskussionen, die oft mit einem ganz anderen Thema beginnen und dann doch beim Glauben enden. Auch wenn etwa eine Predigt keine Möglichkeit zu direkter Frage und Antwort gibt, so ist sie für mich doch jedes Mal eine Form des Gespräches mit denen, die mir zuhören, und mit Gott. Vor ihnen versuche ich,

Rechenschaft über meinen Glauben zu geben. Und so ist über die Jahre mein Nachdenken über den christlichen Glauben klarer geworden. Gemeinschaft und Kommunikation sind ganz wesentliche Bestandteile meines Glaubens-Abenteuers.

Ich möchte aber auch dem Kösel-Verlag danken, der den Stein zu diesem Buch ins Rollen brachte. Auch weil weder der Verlagsleiter Martin Scherer noch die Lektorin Michaela Breit nachgegeben haben, ist dieses Buch nun geschrieben worden. Meine Theologische Referentin Inge Broy hat die Entstehung des Textes wie immer tatkräftig und kritisch begleitet.

Mein Zögern bestand vornehmlich darin, dass man zu diesem Thema so viel sagen müsste, dass jeder Versuch eigentlich nur zu kurz greifen kann. Im Wissen um meine Grenzen und auch hier im Vertrauen darauf, dass die Gemeinschaft aller Glaubenden mehr versteht und weiß und lebt, habe ich es schließlich gewagt, meinen Teil dazu beizutragen, gerade auch im *Jahr des Glaubens*.

Der Freund und Schriftsteller Erich Kock hat für das Abenteuer und die Sehnsucht nach Glauben in einer Erzählung eine Formulierung gefunden, die es ganz gut trifft:

Ja, glauben würde ich gern, doch was ist das: Glauben? Du kannst den Glauben dir nicht selber geben, und wird er dir gewährt, so fügst du nichts hinzu. Nur Jesus fügt hinzu, und Jesus musst du bitten.[28]

Anhang

Anmerkungen

1. *Lumen fidei.* Enzyklika von Papst Franziskus vom 29. Juni 2013.
2. Habermas, Jürgen (2005): *Zwischen Naturalismus und Religion,* S. 13.
3. Mosebach, Martin: *Gilbert Keith Chesterton, F.D.* In: Chesterton, Gilbert Keith (2000): *Orthodoxie. Eine Handreichung für die Ungläubigen,* S. 7f.
4. Vgl. Spaemann, Robert (2007): *Das unsterbliche Gerücht.*
5. Vgl. Büchner, Georg: *Dantons Tod.* In: Büchner, Georg (1980): Werke und Briefe. S. 44.
6. Augustinus (1955): *Confessiones – Bekenntnisse,* S. 547, 549.
7. *Lumen fidei.* Enzyklika von Papst Franziskus vom 29. Juni 2013, Nr. 10.
8. Ratzinger, Joseph (2000): *Einführung in das Christentum,* S. 33f.
9. Ruster, Thomas (2013): *Die Macht Gottes, die Trinität und der Gottesdienst.* In: Gottesdienst. Heft 10 (47. Jahrgang), S. 82.

10. Vgl. Ratzinger, Joseph/Benedikt XVI. (2011): *Jesus von Nazareth. Zweiter Teil,* S. 108.
11. *Fides et ratio.* Enzyklika von Papst Johannes Paul II. vom 14. September 1998.
12. *Lumen fidei,* Enzyklika von Papst Franziskus vom 29. Juni 2013, Nr. 32.
13. Habermas, Jürgen (2001): *Glauben und Wissen,* S. 30.
14. Habermas, Jürgen (2001): *a.a.O.,* S. 31.
15. Kirchhof, Paul (2005): *Die gemeinsame Verantwortung von Kirche und Staat.* http://www.eugen-biser-stiftung.de/fileadmin/user_upload/Eugen-Biser-Preis/Kirchhof_Lehmann.pdf, o. S.
16. Vgl. Roß, Jan (2012): *Die Verteidigung des Menschen. Warum Gott gebraucht wird.*
17. Nemo, Philipp (2005): *Was ist der Westen? Die Genese der abendländischen Zivilisation,* S. 3.
18. Nemo, Philipp (2005): *a.a.O.,* S. 63.
19. Winkler, Heinrich August (2009): *Geschichte des Westens,* S. 25.
20. Habermas, Jürgen (2001): *Glauben und Wissen,* S. 24f.
21. Ratzinger, Joseph Kardinal (2003): *Das Christentum – die wahre Religion?* In: Ratzinger, Joseph Kardinal (2003): *Glaube – Wahrheit – Toleranz. Das Christentum und die Weltreligionen,* S. 146. Dieser Text ist die Veröffentlichung des Vortrags, den Joseph Kardinal Ratzinger am 27.11.1999 an der Sorbonne, Paris, gehalten hat.
22. Halík, Tomáš (2010): *Geduld mit Gott. Die Geschichte von Zachäus heute.*
23. Fromm, Erich (1990): *Die Kunst des Liebens.*
24. Vgl. Fromm, Erich (1990): *a.a.O.,* S. 42f.

25. Fromm, Erich (1990): *a.a.O.*, S. 15f.
26. Fromm, Erich (1990): *a.a.O.*, S. 122.
27. Im Französischen heißt dieser Satz aus den »Pensées« von Blaise Pascal: »Le coeur a ses raisons, que la raison ne connaît pas.«
28. Kock, Erich (1991): *In den Ecken hausen die Engel,* S. 110.

Quellenverzeichnis

S. 13 Jürgen Habermas, Zwischen Naturalismus und Religion © Suhrkamp, Berlin 2005, S. 13

S. 17f. Gilbert Keith Chesterton, Orthodoxie. Eine Handreichung für die Ungläubigen. Aus dem Engl. neu übers. von Monika Noll und Ulrich Enderwitz. Mit einer Einleitung von Martin Mosebach, Eichborn Verlag, Frankfurt/M. 2000, S. 7f.

S. 33 Joseph Ratzinger, Einführung in das Christentum © Kösel-Verlag, München, in der Verlagsgruppe Random House GmbH, München [13]2013, S. 33f.

S. 68, 73 Jürgen Habermas, Glauben und Wissen © Suhrkamp, Berlin 2001, S. 30, 31, 24f.

S. 69f. Paul Kirchhof, Die gemeinsame Verantwortung von Kirche und Staat. (2005) http://www.eugen-biser-stiftung.de/fileadmin/user_upload/Eugen-Biser-Preis/Kirchhof_Lehmann.pdf © Paul Kirchhof

S. 89 Erich Kock, In den Ecken hausen die Engel © Lahn-Verlag GmbH, Kevelaer 1991, S. 110

Verwendete Literatur

Die Bibel. Altes und Neues Testament. Einheitsübersetzung (1980): Freiburg (Herder).

Augustinus (1955): *Confessiones – Bekenntnisse*. Lateinisch und deutsch. München (Kösel).

Büchner, Georg: *Dantons Tod*. In: Büchner, Georg (1980): *Werke und Briefe*. München (Carl Hanser), 7–68.

Fides et ratio. Enzyklika von Papst Johannes Paul II. vom 14. September 1998 (Schriftenreihe *Verlautbarungen des Apostolischen Stuhls*, hg. von der Deutschen Bischofskonferenz, Bonn, Bd. 135).

Fromm, Erich (1990): *Die Kunst des Liebens*. Frankfurt a. M./Berlin (Ullstein) 43. Aufl.

Habermas, Jürgen (2001): *Glauben und Wissen*. Friedenspreis des Deutschen Buchhandels 2001. Frankfurt a. M. (edition suhrkamp).

Habermas, Jürgen (2005): *Zwischen Naturalismus und Religion*. Frankfurt a. M. (Suhrkamp).

Halík, Tomáš (2010): *Geduld mit Gott. Die Geschichte von Zachäus heute*. Freiburg (Herder).

Kirchhof, Paul (2005): *Die gemeinsame Verantwortung von Kirche und Staat*. Begrüßungsansprache bei der Verleihung des Eugen-Biser-Preises an Karl Kardinal Lehmann, München 12.12.2005, http:// www.eugen-biser-stiftung.de / fileadmin / user_upload / Eugen-Biser-Preis / Kirchhof_Lehmann.pdf, o. S.

Kock, Erich (1991): *In den Ecken hausen die Engel.* Und andere Erzählungen, Limburg (Lahn-Verlag).

Lumen fidei. Enzyklika von Papst Franziskus vom 29. Juni 2013 (Schriftenreihe *Verlautbarungen des Apostolischen Stuhls*, hg. von der Deutschen Bischofskonferenz, Bonn, Bd. 193).

Mosebach, Martin: Gilbert Keith Chesterton, F.D. In: Chesterton, Gilbert Keith (2000): *Orthodoxie. Eine Handreichung für die Ungläubigen.* Mit einer Einleitung von Martin Mosebach. Frankfurt (Eichborn Verlag, Die Andere Bibliothek), 7–21.

Nemo, Philipp (2005): *Was ist der Westen? Die Genese der abendländischen Zivilisation.* Tübingen (Mohr Siebeck).

Ratzinger, Joseph (2000): *Einführung in das Christentum.* Völlig unveränderte, mit einer neuen Einführung versehene Neuausgabe. München (Kösel).

Ratzinger, Joseph Kardinal (2003): *Das Christentum – die wahre Religion?* In: Ratzinger, Joseph Kardinal (2003): *Glaube – Wahrheit – Toleranz. Das Christentum und die Weltreligionen.* Freiburg (Herder) 2. Aufl., 131–147.

Ratzinger, Joseph / Benedikt XVI. (2011): *Jesus von Nazareth. Zweiter Teil. Vom Einzug in Jerusalem bis zur Auferstehung.* Freiburg (Herder).

Roß, Jan (2012): *Die Verteidigung des Menschen. Warum Gott gebraucht wird.* Berlin (Rowohlt).

Ruster, Thomas (2013): *Die Macht Gottes, die Trinität und der Gottesdienst.* In: *Gottesdienst. Information und Handrei-*

chung der Liturgischen Institute Deutschlands, Österreichs und der Schweiz. Freiburg (Herder), Heft 10 (47. Jahrgang), 81–84.

Spaemann, Robert (2007): *Das unsterbliche Gerücht. Die Frage nach Gott und der Aberglaube der Moderne.* Stuttgart (Klett-Cotta).

Winkler, Heinrich August (2009): *Geschichte des Westens. Von den Anfängen in der Antike bis zum 20. Jahrhundert.* München (Beck).